Maria Greiner | Christian Dose | Ralph Steffen

CAPITAL REGION

USA

TRAVEL**GUIDE**

360° medien

IMPRESSUM

Capital Region USA
Maria Greiner | Christian Dose | Ralph Steffen

Nachtigallenweg 1 I 40822 Mettmann
360grad-medien.de

Der Inhalt des Werkes wurde sorgfältig recherchiert, ist jedoch teilweise der Subjektivität unterworfen und bleibt ohne Gewähr für Richtigkeit, Vollständigkeit und Aktualität.

Redaktion und Lektorat: 360° medien

Satz und Layout: Elke Gräfe

Gedruckt und gebunden:
LD Medienhaus GmbH & Co. KG I Feldbachacker 16 I 44149 Dortmund
www.ld-medienhaus.de

Bildnachweis: siehe Seite 288

ISBN: 978-3-96855-298-9
Hergestellt in Deutschland

360grad-medien.de

Maria Greiner | Christian Dose | Ralph Steffen

CAPITAL REGION

USA

TRAVEL**GUIDE**

360° medien

VORWORT

Wer an Washington, DC denkt, dem kommen schnell das Weiße Haus und das US-Kapitol in den Sinn. Doch die Hauptstadt der Vereinigten Staaten bietet weitaus mehr: Museen von Weltruf (und meist kostenlos), die National Mall als Flaniermeile zwischen Monumenten und Gedenkstätten sowie pulsierende Stadtteile mit viel Lifestyle machen den Besuch in der Kapitale perfekt. Aber Washington, DC ist nicht nur das politische Zentrum der USA, sondern auch das Gateway in die Capital Region USA – perfekt also für einen Roadtrip durch die angrenzenden Bundesstaaten Maryland und Virginia. Kunst, Outdoor-Abenteuer, Geschichte, Erholung und Sightseeing lassen sich in dieser Region so gut kombinieren wie wohl sonst nirgends in den USA. Wer morgens das US-Kapitol besucht, kann schon nachmittags in einer der pittoresken Städte an der Chesapeake Bay bei frischer Meeresluft entspannen oder im Nationalpark wandern gehen.

Wir möchten Sie einladen, die vielfältigen Facetten der US-Hauptstadtregion zu entdecken: vom Landsitz des ersten Präsidenten, George Washington, über die maritim geprägte Region rund um die Chesapeake Bay als größtes Flussmündungsgebiet in den USA bis zu den satten Wäldern der Blue Ridge Mountains. Die Städte, Strände und Schutzgebiete in der Capital Region USA brauchen keinen Vergleich mit weitaus populäreren Regionen zu scheuen, zumal sie mit einem entscheidenden Vorteil punkten: Internationale Besucher trifft man hier – anders als an den klassischen touristischen Hotspots – weitaus weniger. Der „American Way of Life" lässt sich so deutlich intensiver erleben. Statt Highway 101 steuern Reisende hier ihr Fahrzeug über den ebenso beeindruckenden Skyline Drive, während Strandleben in Ocean City winkt. Und für beste Livemusik ist Bristol bekannt.

Dieses Buch stellt 60 Orte, Plätze und Aktivitäten vor, die eine Reise durch die Capital Region USA zu einem unvergesslichen Urlaubserlebnis werden lassen. Neben bekannten Highlights – wie die National Mall in DC, Baltimore oder Virginia Beach – bieten wir Ihnen Tipps für Entdeckungen abseits der bekannten Routen. Wie

McAfee Knob entlang des Appalachian Trail in Virginia

wäre es beispielsweise mit einem Ausflug zu den wild lebenden Pferden auf Assateague Island oder zu den Ursprüngen des Weinanbaus in den USA nach Charlottesville? Wandeln Sie auf den Spuren früherer US-Präsidenten und bedeutender Freiheitskämpfer oder entdecken Sie die lebendige Street-Art-Szene in den großen und kleinen Städten. Jeder Tipp umfasst zudem wichtige praktische Informationen wie Öffnungszeiten und Eintrittspreise oder Empfehlungen für Restaurants und Hotels.

Die Capital Region USA ist das perfekte Ziel für Individualreisende und Genießer. Historische Plätze, gemütliche Orte, Outdoor-Abenteuer und kulinarische Höhepunkte liegen hier dicht an dicht. Bei einer solchen Vielfalt ist ein Roadtrip viel zu schnell zu Ende. Mit diesem Buch möchten wir Sie für einen (oder mehrere) Urlaube in Washington, DC sowie Maryland und Virginia begeistern und Sie mit unseren Tipps zu echten Kennern der Region machen.

Viel Spaß beim Stöbern, Planen und Erleben!

Maria Greiner, Christian Dose, Ralph Steffen

INHALTSVERZEICHNIS

In den Monaten vor der Veröffentlichung dieses Buchs mussten Lokale und Besucherattraktionen aufgrund der Corona-Pandemie immer wieder Öffnungszeiten anpassen oder zeitweise komplett schließen. Die in diesem Band angegebenen Informationen wurden gewissenhaft nach dem letzten bekannten Stand recherchiert – mit weiteren Änderungen ist jedoch zu rechnen. Deshalb empfehlen wir Lesern, während des Aufenthaltes in der Capital Region USA Öffnungszeiten und Preise anhand der im Buch aufgeführten Internetseiten nochmals zeitnah nachzuprüfen.

FACETTENREICHER ROADTRIP DURCH DIE CAPITAL REGION USA

Geschichtsträchtige Orte, Entspannung am Strand oder Abenteuer in der Natur: In der US-Hauptstadtregion findet jeder Reisende unvergessliche Momente. Washington, DC sowie Maryland und Virginia sind prädestiniert, um den „American Way of Life" zu genießen.

Dieses Buch präsentiert 60 Orte, Plätze und Aktivitäten, die Sie bei einem Trip in die Capital Region USA nicht verpassen sollten. Die Erlebnisse lassen sich gut zu einem Roadtrip kombinieren, zum Teil sogar mehrere am gleichen Tag. Für eine bestmögliche Übersicht sind die 60 Tipps in neun Kapitel gegliedert:

Das US-Kapitol in Washington, DC

Der Inner Harbor in Baltimore

- **„Im Zentrum der Macht"** werden die wichtigsten Besichtigungen und Institutionen im Herzen der Hauptstadt vorgestellt. Wie wäre es beispielsweise mit einem Besuch im US-Kapitol oder einer Fahrradtour entlang der National Mall? Nicht zu vergessen: die mehr als 100 kostenlosen Attraktionen.

- Washington ist bekannt für seine pulsierenden Quartiere. Georgetown, Dupont Circle und viele mehr sind im Kapitel **„Die Stadtviertel der Hauptstadt entdecken"** porträtiert.

- Das Umland der Kapitale hält viel Sehenswertes parat. **„Die Umgebung von DC erkunden"** führt Sie bei spannenden Tagesausflügen beispielsweise nach National Harbor und Alexandria.

- In **„Western Maryland"** liegen malerische Städtchen sowie mit dem Deep Creek Lake eines der beliebtesten Ausflugsziele.

- **„Städtisches Treiben und Marylands Eastern Shore"** führt Besucher zu Metropolen wie Baltimore nicht weit von unberührter Natur.

- Maritimer Lebensstil prägt die **„verstecken Schätze am Atlantik und an der Chesapeake Bay"**.

- In Virginia, vor allem entlang der Appalachen, gilt: **„Geschichte und Kleinstadtcharme treffen auf Bergromantik"**.

- Auf dem Weg zurück in die Hauptstadt finden sich beispielsweise in Fredericksburg oder Solomons viel **„Erholung und Geschichte nahe DC"**.

- Mit unseren Tipps im **„Insider-Guide"** werden Sie zu einem echten Kenner der Capital Region USA – sei es bei der Black History, bekannten Filmlocations oder auf den Spuren der Geheimagenten.

Zusätzliche Inspiration und Information erhalten Sie in unseren Specials zwischen den Kapiteln: „48 Stunden in DC" empfiehlt einen konkreten Plan, um in kurzer Zeit die Metropole möglichst optimal zu erkunden. Darüber hinaus erfahren Sie, was Sie kulinarisch erwartet und welche erlesenen Tropfen in der US-Hauptstadtregion ins Glas kommen. Im umfangreichen Anhang finden Sie eine Auflistung zu Museen, Hotels und Restaurants in DC sowie nützliche Tipps für Ihre Reiseplanung.

Wildlebende Pferde auf Assateague Island

Roadtrip auf dem Blue Ridge Parkway

Die 60 Tipps sind zugleich die Basis für einen idealen Roadtrip durch die Capital Region USA. Als Ausgangspunkt einer Reise bietet sich die Hauptstadt an – wegen ihrer zahlreichen Attraktionen und der hervorragenden Fluganbindung aus Europa. Zudem können Urlauber die Kapitale sowie beliebte Ziele in der Umgebung bequem und kostengünstig mit der Metro oder dem Wassertaxi erreichen. Nach vier, fünf Tagen kann dann die Rundreise beginnen – entweder mit dem Mietwagen und festen Unterkünften oder alternativ mit dem Wohnmobil („RV" genannt).

Gut zu wissen: Viele Orte liegen nahe beieinander, lange Fahrstrecken muss hier niemand fürchten. So dauert die Fahrt aus der Hauptstadt an den scheinbar unendlichen langen Strand von Virginia Beach keine vier Stunden. Zudem ist die Infrastruktur hervorragend ausgebaut: Überall können Urlauber unter einer Vielzahl von Unterkünften und Restaurants in unterschiedlichster Preislage wählen. Zuweilen fühlt es sich an, als ob man hier quasi „Amerika im Kleinformat" erlebt – sowohl große Metropolen und kleine charmante Städte als auch Berge, Meer, Nationalparks sowie Shopping Malls prägen die Capital Region USA und sorgen für viel Abwechslung.

Im Zentrum der Macht

Rosa-weißes Blütenmeer im Frühjahr rund um das Washington Monument

Im Zentrum der Macht

1. National Mall: Sightseeing mit Fahrrad oder Segway
2. Für keine Handvoll Dollar: Kostenfreie Aktivitäten
3. Power Lunch im Zentrum der Macht: Das politische Washington, DC
4. Vom Reißbrett zur lebendigen US-Hauptstadt
5. Washington, DC liebt es bunt
6. Die grünste Stadt der USA
7. Star Wars und Mondgestein in der Washington National Cathedral

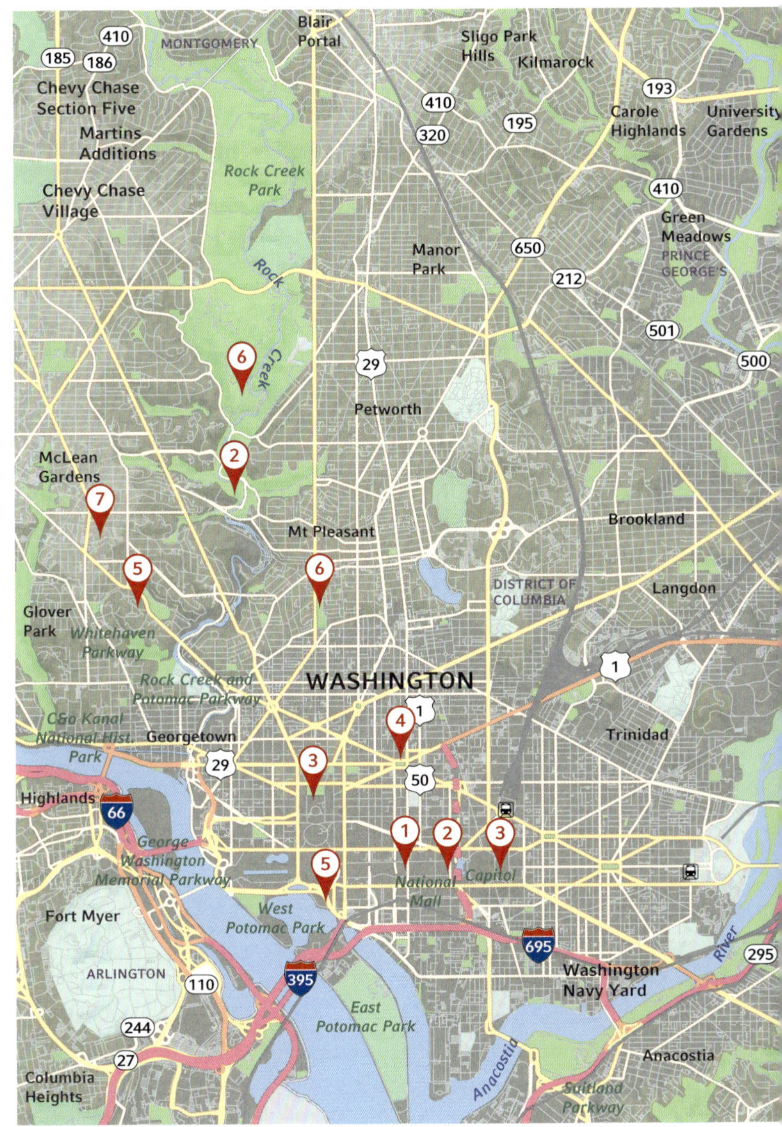

Blair Portal
MONTGOMERY
Sligo Park Hills
Kilmarock
Chevy Chase Section Five
Martins Additions
Carole Highlands
University Gardens
Rock Creek Park
Chevy Chase Village
Green Meadows
PRINCE GEORGE'S
Manor Park
Rock Creek
Petworth
McLean Gardens
Brookland
Mt Pleasant
DISTRICT OF COLUMBIA
Langdon
Glover Park
Whitehaven Parkway
Rock Creek and Potomac Parkway
WASHINGTON
C&O Kanal National Hist. Park
Georgetown
Trinidad
Highlands
George Washington Memorial Parkway
National Mall
Capitol
Fort Myer
West Potomac Park
ARLINGTON
Washington Navy Yard
River
East Potomac Park
Anacostia
Anacostia
Columbia Heights
Suitland Parkway

1. National Mall: Sightseeing mit Fahrrad oder Segway

Ob Lincoln Memorial, Washington Monument oder US-Kapitol: Entlang der National Mall liegen zahlreiche bedeutende Sehenswürdigkeiten. Über knapp fünf Kilometer erstreckt sich die weitläufige Grünanlage im Herzen der Hauptstadt. Und drumherum warten weitere Attraktionen wie das Jefferson Memorial nahe dem Potomac River. Wer nicht alles zu Fuß ablaufen möchte, mietet ein Fahrrad oder schließt sich einer geführten Tour an – wahlweise sportlich mit dem Rad oder flott mit dem Segway.

Die organisierte Fahrradtour von Bike and Roll DC startet am L'Enfant Plaza, benannt nach dem Stadtplaner und Architekten Pierre L'Enfant (siehe Seite 32, Tipp 4). Von hier aus radelt die Gruppe bei der sogenannten Capital Sites Bike Tour zunächst durch wenig befahrene Straßen, ehe nahe dem Smithsonian Institution Building die autofreie National Mall erreicht wird. Erster Stopp nach etwa 15 Minuten ist schließlich das Lincoln Memorial mit der überlebensgroßen Statue des 16. US-Präsidenten, gelegen am westlichen Ende der Parkanlage. Für viele Besucher ist das Denkmal das

Blick auf die National Mall

Mit dem Fahrrad vorbei am Lincoln Memorial

beeindruckendste an der National Mall. Bei seinen ausführlichen Erläuterungen weist der Guide auch auf die berühmte Rede „I have a dream“ von Martin Luther King Jr. hin – an das Ereignis beim „Marsch auf Washington“ (siehe Seite 244, Tipp 56) im Jahr 1963 erinnert eine Plakette im Boden vor dem Memorial. Von hier sind es nur zwei, drei Minuten zum Vietnam Veterans Memorial. Voller Ehrfurcht liest man hier die Namen von rund 58.000 Soldaten, die in Vietnam starben oder seitdem als vermisst gelten – ein beklemmender Augenblick während der ansonsten unterhaltsamen Tour.

Wer individuell mit einem gemieteten Fahrrad unterwegs ist, radelt von hier am besten zunächst zum Tidal Basin mit den Memorials für Martin Luther King Jr., Franklin D. Roosevelt und Thomas Jefferson. Der Tourguide hingegen lotst die Gruppe nun zum World War II Memorial, welches gemeinsam mit dem Washington Monument zentral in der

Die fast sechs Meter große Lincoln-Statue

Einfach überwältigend: das Martin Luther King Jr. Memorial

Mitte der National Mall liegt. Mit 56 Säulen (für die 50 Bundesstaaten plus DC und weitere US-Gebiete) wird an die Toten des Zweiten Weltkrieges erinnert. Nächster Höhepunkt der rund dreistündigen Radtour ist das Weiße Haus: Vom Presidents Park aus genießen die Teilnehmer den Blick auf die fotogene Südfront des Amtssitzes der US-Präsidenten.

Vorbei an den weltbekannten Museen entlang der National Mall, beispielsweise mit dem National Air and Space Museum (siehe Seite 22, Tipp 2), steuern die Radler nun das US-Kapitol an. Hier bleibt viel Zeit für Erinnerungsfotos sowie Anekdoten des Guides. Jetzt verlässt die Gruppe zunächst die National Mall. Nach einer weiten Runde zur Union Station ist schließlich die First Street erreicht – jetzt liegt rechter Hand das Besucherzentrum des US-Kapitols (siehe Seite 26, Tipp 3), linker Hand die prachtvolle Library of Congress. Nach den etwas abenteuerlichen Minuten im Groß-

Abends sind die Fontänen eindrucksvoll illuminiert: World War II Memorial mit Washington Monument im Hintergrund

Kirschblüte am Tidal Basin vor dem Jefferson Memorial

stadtverkehr geht es erneut durch die große Parkanlage. Letzter Stopp: der Hancock Park, eine ruhige Oase zwischen National Mall und L'Enfant Plaza, ideal für eine Pause zum Durchatmen nach rund zwölf Kilometern auf dem Fahrrad.

INFO

Lage: Der bekannte Grünstreifen erstreckt sich zwischen Lincoln Memorial und Capitol Hill mit zahlreichen Denkmälern und Gedenkstätten; *nps.gov/nama*

Aktivitäten:

- Fahrradtouren: Die beschriebene Tour Capital Sites Bike Tour von Bike and Roll DC kostet 44 USD pro Person (inkl. Fahrrad und Helm, E-Bike mit Aufpreis). Weitere Touren (beispielsweise abends zu den illuminierten Monumenten oder mit dem Segway) sowie eine Anmietung im benachbarten Alexandria (siehe Seite 94, Tipp 18) sind ebenfalls möglich. Wer individuell ein Fahrrad mieten möchte, zahlt ab 16 USD für zwei Stunden; 470 L'Enfant Plaza, Washington, DC 20024, *bikeandrolldc.com*
- Segway: Dreistündige Stadtbesichtigungen auf dem Segway organisiert Capital Segway zum Preis von 60 USD pro Person; 818 Connecticut Avenue NW, Washington, DC 20006, *capitalsegway.com*

2. Für keine Handvoll Dollar: Kostenfreie Aktivitäten

Nur wenige Städte machen es Urlaubern so leicht, sie zu entdecken, wie Washington, DC. Nicht nur, dass viele Attraktionen zentral und fußläufig in der Innenstadt liegen: Viele von ihnen können ohne Eintritt besichtigt werden.

Das Wahrzeichen Washingtons schlechthin ist ohnehin kostenlos: die National Mall (siehe Seite 18, Tipp 1). Die zentrale, knapp fünf Kilometer lange Parkanlage fasziniert mit ihren Monumenten und Memorials. Wer früh morgens unterwegs ist, genießt die imposanten Gedenkstätten fast für sich allein. Neben dem Lincoln Memorial sollten Besucher auch das nahe gelegene Korean Veterans Memorial sowie das Thomas Jefferson Memorial am Tidal Basin ansteuern. Höhepunkt im doppelten Sinne des Wortes ist das Washington Monument auf der National Mall gleich neben dem World War II Memorial. Der Besuch der Aussichtsplattform des Washington Monument auf 152 Meter Höhe mit bestem Blick über die Hauptstadt ist für eine kleine Reservierungsgebühr von einem Dollar möglich. Seit 2020 ehrt ein Denkmal auch Dwight D. Eisenhower. Das Memorial befindet sich in einem neu angelegten, vier Hektar großen Park neben der National Mall und gegenüber dem Smithsonian National Air and Space Museum in Washington, DC. Es besteht aus drei bronzenen Statuen des Künstlers Sergey Eylanbekov, die Stationen aus „Ikes" Leben zeigen, sowie einem Relief mit Zitaten des 34. Präsidenten.

National Air and Space Museum

Darüber hinaus ist die National Mall bekannt für ihre Museen von Weltruf. Hier stellt sich wahrlich nicht die Frage, ob sich ein Muse-

National Museum of Natural History

umsbesuch lohnt – es ist eher die sprichwörtliche Qual der Wahl. Jung und Alt begeistert das National Air and Space Museum, die weltgrößte Ausstellung zur Luft- und Raumfahrt. Zu den Exponaten zählen der Raumanzug von Astronaut Neil Armstrong als erstem Menschen auf dem Mond sowie eine Gesteinsprobe vom Erdtrabanten. Das Luft- und Raumfahrtmuseum gehört zur Smithsonian Institution, die zahlreiche Museen in der Capital Region USA betreibt. Zu den weiteren Besuchermagneten zählen das Naturkundemuseum National Museum of Natural History sowie das 2016 eröffnete National Museum of African American History and Culture: Das architektonisch markante Gebäude inmitten der National Mall informiert umfassend über das afroamerikanische Leben, die Unterdrückung der schwarzen Bevölkerung und die Bürgerrechtsbewegung – ein bedeutendes Zeugnis der US-Geschichte. Die National Gallery of Art ist ebenfalls kostenfrei zu besuchen.

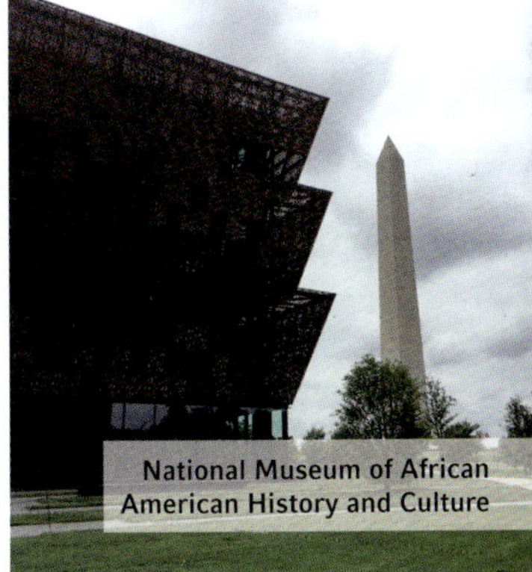

National Museum of African American History and Culture

National Gallery of Art

Auch für einen Blick in den Politikbetrieb (siehe Seite 26, Tipp 3) fällt kein Eintritt an: Das US-Kapitol sowie die prächtige Library of Congress sollte niemand verpassen. Ein Besuch des Weißen Hauses ist hingegen aus Sicherheitsgründen, anders als in früheren Jahren, nicht mehr möglich.

Pandas im National Zoo

Ebenfalls ein lohnendes Ausflugsziel: der National Zoo. Er ist Teil der Smithsonian Institution und mit der Metro von der National Mall in 20 Minuten zu erreichen. Insbesondere die Pandas, Löwen sowie Tiger begeistern nicht nur Familien. Auch Bisons – das Symboltier der Prärie – sind hier anzutreffen. Insgesamt leben mehr als 2700 Tiere aus über 360 Arten in der Kapitale. Nördlich der Innenstadt gelegen, ist der schon 1889 eröffnete Zoo einer der ältesten in den USA.

INFO

Lage und Anfahrt: Viele der mehr als 100 kostenlos zugänglichen Attraktionen in DC liegen rund um die National Mall. Zentrale Metrostationen sind Smithsonian National Mall und Federal Triangle (Orange und Blue Line).

Aktivitäten:

- Washington Monument: täglich zwischen 9 bis 17 Uhr geöffnet, Tickets verfügbar online via *recreation.gov* (Reservierungen sind am Vortag ab 10 Uhr EST möglich); 2 15th Street NW, Washington, DC 20024
- Smithsonian Institution: weltgrößter Museums- und Wissenschaftskomplex mit 19 Museen sowie dem National Zoo; *si.edu/museums*
- National Air and Space Museum: täglich (außer Dienstag und Mittwoch) von 10 bis 17:30 Uhr geöffnet; 600 Independence Avenue SW, Washington, DC 20560, *airandspace.si.edu*
- National Museum of Natural History: täglich (außer Dienstag und Mittwoch) von 10 bis 17:30 Uhr geöffnet; 10th Street & Constitution Avenue NW, Washington, DC 20560, *naturalhistory.si.edu*
- National Museum of African American History and Culture: täglich (außer Dienstag und Mittwoch) von 10 bis 17:30 Uhr geöffnet, Tickets müssen vorab online reserviert werden; 1400 Constitution Avenue NW, Washington, DC 20560, *nmaahc.si.edu*
- National Gallery of Art mit schönem Sculpture Garden: täglich von 10 bis 17 Uhr geöffnet; Constitution Avenue NW, Washington, DC 20565, *nga.gov*
- National Zoological Park: täglich von 8 bis 16 Uhr geöffnet, Tickets müssen vorab online reserviert werden; 3001 Connecticut Avenue NW, Washington, DC 20008, *nationalzoo.si.edu*

3. Power Lunch im Zentrum der Macht: Das politische Washington, DC

Kaum ein Tag vergeht, an dem nicht auch hierzulande die amerikanische Hauptstadt in den Nachrichten erwähnt wird. Als Weltmacht beeinflussen die Entscheidungen in der Kapitale einiges auf unserem Planeten: Gesellschaft, Umweltschutz, Wirtschaft und vieles weiteres. Mehr als genug Gründe, um hinter die Kulissen des Washingtoner Politikbetriebs zu schauen.

Beliebtes Fotomotiv: das beleuchtete US-Kapitol

Geografisches wie politisches Zentrum ist der 27 Meter hohe Capitol Hill mit dem weltbekannten US-Kapitol – als Sitz von Kongress und Senat die politische Schaltzentrale und wichtigste Sehenswürdigkeit. Die Kuppel des 88 Meter hohen und 229 Meter langen Gebäudes ist weithin sichtbar. Die kostenfreie Besichtigung des US-Kapitols, das an prunkvolle Gebäude in Rom erinnert, sollte für jeden Reisenden in der Capital Region USA auf dem Plan stehen. Bis zu fünf Millionen Besucher pro Jahr nutzen diese Chance. Das Capitol Visitor Center wurde am 2. Dezember 2008 eröffnet – genau 145 Jahre nach der Montage der Statue of Freedom auf der Kuppel des Gebäudes.

Das Besucherzentrum im Kapitol

Geführte Touren starten mit einem informativen Film zum Zentrum der amerikanischen Demokratie. Beim anschließenden 45-minütigen Rundgang können Besucher einen Blick in die historischen Bereiche des Kapitols werfen. Bei den Erläuterungen des Tourguides erfahren sie beispielsweise, dass eine Fahne auf dem jeweiligen Gebäudeteil gehisst wird, wenn der Kongress (südlicher Teil) und/oder der Senat (nördlicher Teil) tagen. Zu den Höhepunkten des Rundgangs zählen die Stopps in der Rotunde mit der beeindruckenden Kuppel sowie in der Statuary Hall mit 53 von 100 Statuen bedeutender Amerikaner – je zwei aus jedem Bundesstaat. Die übrigen 47 finden sich verteilt in der Krypta und im Capitol Visitor Center. Letzteres kann nach dem Rundgang individuell besich-

Ein architektonischer Einblick in die Kuppel

Ausstellung im Capitol Visitor Center

tigt werden. In der Emancipation Hall ist ein Modell der Statue of Freedom ausgestellt. Zudem bietet sich von hier ein unvergesslicher Blick in die Kuppel. Die Exhibiton Hall wiederum informiert – auch mit interaktiven Elementen – über die Geschichte des Gebäudes. Alles in allem ein faszinierendes und berührendes Zeugnis der US-Geschichte!

Im Anschluss bietet sich der Besuch der Library of Congress an. Wer auf den Spuren von Politik und Verwaltung wandeln möchte, nutzt den unterirdischen Tunnel zum Gebäude auf der anderen Straßenseite. Denn das Kapitol ist über mehrere unterirdische Gänge mit anderen Behörden und Institutionen verbunden. Es gibt sogar eigene U-Bahnlinien, die seit den Anschlägen von 9/11 allerdings nicht mehr der allgemeinen Öffentlichkeit zugänglich sind. Zumindest ist aber die unterirdische Verbindung vom US-Kapitol zur Bibliothek weiterhin für jeden offen.

Die Rotunde des US-Kapitols

40 Millionen katalogisierte Bücher und andere Druckwerke: die Library of Congress

Die Library of Congress gilt als weltgrößte Bücherei. Die Sammlung umfasst beispielsweise eine von nur noch drei original erhaltenen Gutenberg-Bibeln aus dem 15. Jahrhundert sowie Dokumente von 23 Präsidenten, darunter George Washington. Schon die prachtvolle Eingangshalle des Thomas Jefferson Building bringt Besucher zum Staunen – erst recht der Blick in den imposanten Lesesaal: Die sogenannte Great Hall ist geprägt von hohen Säulen, Stuck und Wandgemälden. Manch einer verweilt ehrfürchtig auf der Aussichtsterrasse innerhalb des Gebäudes und kann sich am Anblick des fantastischen achteckigen Saales mit seiner Kuppel sprichwörtlich kaum satt sehen.

Nur wenige Meter entfernt hat der Supreme Court seinen Sitz. Bei strittigen Gesetzen ist der Oberste Gerichtshof die letzte Instanz. Angesichts dieser Bedeutung und der Tatsache, dass das Amt auf Lebenszeit vergeben wird, kommt der Wahl der Richter eine hohe Bedeutung zu. Die Sitzungen in dem sehenswerten Bau im klassizistischen Stil sind öffentlich zugänglich.

Bei einem Streifzug durch das politische Washington darf ein Abstecher zum Weißen Haus nicht fehlen: Der weltweit bekannte, im Jahr 1800 fertiggestellte Amtssitz des US-Präsidenten liegt

Präsidialer Wohn- und Arbeitssitz: das Weiße Haus

etwa 40 Gehminuten vom US-Kapitol entfernt, einige Meter abseits der National Mall. Mit Ausnahme von George Washington hat hier jeder US-Präsident gewohnt. Das Oval Office, also das Arbeitszimmer, liegt im West Wing. Ein Besuch des schlossähnlichen Komplexes ist für Nicht-US-Bürger leider derzeit nicht möglich, anders als in früheren Jahren. Als gute Alternative erweist sich ein Abstecher ins White House Visitor Center: Es informiert ausführlich über den Amtssitz, auch mit interaktiven Elementen. Zu den Exponaten zählt beispielsweise der Schreibtisch von Präsident Franklin D. Roosevelt.

Zum Abschluss eines Tages im Machtzentrum bietet sich die Rooftop-Terrasse VUE des Hotel Washington (ehemals W Washington, DC) an. In der Luxusherberge nächtigten schon Politprominenz sowie VIPs aus dem Showgeschäft, beispielsweise Elvis Presley. Von der Dachterrasse genießen Hauptstadt-Besucher wohl den besten Blick auf das Weiße Haus und das Washington Monument auf der National Mall. Wen es hingegen statt an die Cocktailbar lieber ins Restaurant mit Politikflair zieht, steuert am besten das nahe gelegene Charlie Palmer Steakhouse an. Es gilt nicht nur als eines der besten in der Hauptstadt – bedeutende Vertreter aus Politik, Verwaltung und Medien sind hier regelmäßig für einen Power Lunch (oder ein Dinner) zu Gast. Der perfekte Abschluss für einen Ausflug in den Politikbetrieb.

INFO

Lage und Anfahrt: Das US-Kapitol, das Weiße Haus und weitere bedeutende Institutionen gruppieren sich rund um die National Mall. Nächstgelegene Metro-Stationen: US-Kapitol – Union Station (Red Line), Weißes Haus – Farragut West oder McPherson Square (Blue und Orange Line)

Aktivitäten:

- US-Kapitol: Reservierungen für eine kostenlose Führung (45 Minuten) durch das Kapitol sind 90 Tage im Voraus möglich und werden dringend empfohlen, um unnötige Wartezeiten zu vermeiden. Für die Besuchertribünen von Kongress bzw. Senat werden gesonderte Tickets benötigt. Es herrschen strenge Sicherheitskontrollen und -vorschriften wie an Flughäfen (beispielsweise ist die Mitnahme von Getränken/Flüssigkeiten sowie größeren Taschen nicht gestattet). Geöffnet täglich außer sonntags zwischen 8:30 und 16:30 Uhr; First Street NE, Washington, DC 20515, *visitthecapitol.gov*
- Library of Congress: Die weltgrößte Bibliothek kann mit vorheriger kostenloser Reservierung eines Zeitslots besucht werden, Donnerstag bis Samstag zwischen 10 und 15 Uhr; Thomas Jefferson Building, 10 First Street SE, Washington, DC 20540, *loc.gov*
- White House Visitor Center: geöffnet Mittwoch bis Samstag zwischen 11 und 16 Uhr, freier Eintritt; 1450 Pennsylvania Avenue NW, Washington, DC 20230, *nps.gov/whho/planyourvisit/white-house-visitor-center.htm*

Restaurants:

- VUE Rooftop Bar: Panoramablick auf die National Mall, täglich ab 17 Uhr geöffnet sowie Brunch an den Wochenenden; 515 15th Street NW, Washington, DC 20004, *thehotelwashington.com/dining-near-white-house/vue-rooftop-bar-near-white-house*
- Charlie Palmer Steakhouse: beliebtes Restaurant im politischen DC, nur Montag bis Freitag geöffnet; 101 Constitution Avenue NW, Washington, DC 20001, *charliepalmersteak.com/washington-dc-home*

4. Vom Reissbrett zur lebendigen US-Hauptstadt

Wer heute durch die amerikanische Hauptstadt schlendert, fühlt sich zuweilen an eine Kapitale in der Alten Welt erinnert. Statt Hochhäusern und engen Straßenschluchten prägen große Grünanlagen, breite Promenaden sowie monumentale Bauten das Stadtbild. Kein Wunder: Die Grundzüge von DC gehen auf den französischen Stadtplaner Pierre Charles L'Enfant zurück.

Das Gebiet des heutigen Washington, DC wurde einst vom Stamm der Nacotchtank besiedelt, als im 17. Jahrhundert europäische Siedler in die Region kamen. Als erste Städte wurden 1749 Alexandria (siehe Seite 94, Tipp 18) und dann 1751 Georgetown (siehe Seite 52, Tipp 8) gegründet. Die heutige Hauptstadt folgte schließlich 1791: Als sogenannter District of Columbia wurde das Stadtgebiet aus den beiden Bundesstaaten Maryland und Virginia herausgetrennt und so die Basis für die neue Hauptstadt gelegt. Provisorischer Amtssitz war zu dieser Zeit Philadelphia, zuvor von 1788 bis 1790 New York. Pierre Charles L'Enfant entwarf die Hauptstadt auf dem Reißbrett: 100 Quadratmeilen (knapp 260 Quadratkilometer) in quadratischer Form, wobei jede Ecke in eine der vier Himmelsrichtungen zeigt. Inspiriert wurde er durch Anregungen, die Thomas Jefferson auf seiner Europareise gesammelt hatte, unter anderem in Paris, Frankfurt am Main, Karlsruhe und Amsterdam.

Weißes Haus in den 1880er-Jahren

Auch wenn die L'Enfant Plaza nahe der National Mall bis heute an Pierre Charles L'Enfant erinnert, hatte dieser das Entstehen der Stadt selbst nicht miterlebt: Nach einem Zerwürfnis mit der Bau-

US-Kapitol (1919)

leitung wurde der Franzose kurzerhand ersetzt. Der Aufbau des heutigen Washington, DC begann 1792 mit dem Weißen Haus. Im Juni 1800 schließlich bezog John Adams als erster US-Präsident den neuen Amtssitz, der Kongress tagte erstmals im November desselben Jahres. Wenige Jahre nach dem Aufbau wurde die neue Hauptstadt 1814 im Britisch-Amerikanischen Krieg erobert, dabei US-Kapitol und Weißes Haus zerstört bzw. schwer beschädigt – und anschließend wieder aufgebaut. 1846 haben die Mächtigen das Gebiet, das ursprünglich vom Bundesstaat Virginia abgegeben worden war, wieder an diesen zurückgegeben, da die Stadt langsamer wuchs als erwartet. Somit schrumpfte Washington, DC auf 177 Quadratkilometer.

Historische Fotografie des Old Post Office Building

Die Grundlagen des modernen Washington, DC wurden zu Beginn des 20. Jahrhunderts gelegt. Seiner-

Treasury Building als Hauptsitz des US-Finanzministeriums in den 1880er-Jahren

zeit entstanden die National Mall sowie viele moderne Gebäude. Hochhäuser sucht man dennoch vergeblich: Denn mit Ausnahme des Washington Monument, der National Cathedral und des Turms des Old Post Office – da diese drei schon fertiggestellt oder bereits in Planung waren – durften keine Gebäude höher sein als die angrenzende Straße breit.

Washington Monument (1919)

Zu den Besonderheiten der Hauptstadt zählt, dass sie bis heute nicht als eigener Bundesstaat gilt, sondern direkt dem Kongress unterstellt ist. Im Senat ist der District gar nicht vertreten, im Kongress nur mit einem nicht stimmberechtigten Repräsentanten. Immerhin dürfen die Bewohner der Hauptstadt seit 1964 an Präsidentenwahlen teilnehmen. Einen Bürgermeister gibt es erst seit den 1970er-Jahren.

Lincoln Memorial (1919)

Für eine gute und schnelle Orientierung sorgen die Straßenbezeichnungen: Die Straßen, die in Ost-West-Richtung verlaufen sind alphabetisch geordnet, die von Norden nach Süden gehen sind durchnummeriert. Die Alphabetisierung bzw. Nummerierung beginnt in allen Richtungen am US-Kapitol. Die großen diagonal verlaufenden Straßen werden als Avenues bezeichnet und sind zumeist nach Bundesstaaten benannt.

INFO

Aktivitäten:

- DC History Center: Mehr zur Geschichte der US-Hauptstadt erfahren Besucher in den drei Ausstellungen im DC History Center im Stadtviertel Mt. Vernon Square, gegenüber dem Walter E. Washington Convention Center. Das Museum liegt zwischen den beiden Metrostationen Mount Vernon Square/7th St-Convention Center und Gallery Place Chinatown (Yellow und Green Line). Es ist immer donnerstags und freitags von 14 bis 19 Uhr sowie samstags von 12 bis 18 Uhr geöffnet; 801 K Street NW, Washington, DC 20001, *dchistory.org*.

5. WASHINGTON, DC LIEBT ES BUNT

Der offizielle Startschuss für den Frühling und damit die Festivalsaison ist die Kirschblüte in der amerikanischen Hauptstadt. Mehr als 3000 blühende japanische Kirschbäume, die im Jahr 1912 ein Geschenk des damaligen Bürgermeisters von Tokio, Yukio Ozaki, an die Stadt waren, verwandeln das Machtzentrum der USA in ein rosa-weißes Blütenmeer.

Rund vier Wochen – meistens von Mitte März bis Mitte April – dauert das rosafarbene Spektakel rund um das Tidal Basin an der National Mall und erinnert jährlich mit dem „National Cherry Blossom Festival" an die gute und andauernde Beziehung zwischen den USA und Japan. Das Programm ist kreativ und vielfältig: Von traditioneller bis zeitgenössischer Kunst sowie Kultur mit Konzerten, Ausstellungen, bunten Paraden bis hin zu Performances zwischen den Kirschbäumen findet sich für jeden Geschmack etwas.

Kirschblüte im Frühjahr

Kulturvorführungen bei den Botschaften während „Passport DC"

Die Vielfalt der Kulturen feiert die US-Hauptstadt jedes Jahr mit dem Festival „Passport DC". Den ganzen Mai über haben Besucher die einzigartige Gelegenheit, an einer „Weltreise" teilzunehmen, ohne dafür die Stadt zu verlassen: Straßenfeste, Ausstellungen und die „Around the World Embassy Tour", ein Tag der offenen Tür in vielen Ländervertretungen, sind nur einige der Programmpunkte. 70 Botschaften und einige der besten Kulturinstitutionen der Stadt machen mit.

Richtig bunt wird es im Juni, wenn die LGBTQ+ Community in Washington, DC ein Zeichen für Toleranz setzt und die Diversität

Bunte Parade zur „Capital Pride"

feiert. Mit der jährlichen „Capital Pride Celebration" wird die US-Hauptstadt mit Paraden, Festivals, Konzerten und Live-Talks einen ganzen Monat lang in Regenbogenfarben getaucht.

Ende Juni breitet sich dann der Duft von frisch Gegrilltem auf der berühmten Pennsylvania Avenue aus. An zwei Tagen werden im Schatten des US-Kapitols die Grillzelte beim „Giant National Capital Barbecue Battle" aufgebaut. Hier können Besucher typisch amerikanische Spezialitäten wie Spare Ribs und Hamburger genießen. Während des Schlemmer-Events stehen Kochdemonstrationen, Kostproben und Livemusik auf dem Programm. Darüber hinaus liefern sich die Grillmeister der USA in zahlreichen Kochwettbewerben eine regelrechte Barbecue-Schlacht.

Gleich nebenan auf der National Mall veranstaltet die Smithsonian Stiftung Ende Juni/Anfang Juli das „Smithsonian Folklife Festival" – jedes Jahr steht eine einzelne Ethnie oder Destination im Mittelpunkt. Neben Konzerten, Theateraufführungen und Workshops präsentieren Kunsthandwerker ihr Können. Und es gibt natürlich auch hier kulinarische Köstlichkeiten, die die Aromen des jeweiligen Kulturraums nach DC bringen.

Fest der Kulturen: „Smithsonian Folklife Festival"

Seit 2005 steht im Sommer ein musikalisches Highlight auf dem Festivalplan der US-Hauptstadt. Beim fünftägigen „DC JazzFest", einem der größten jährlichen Musikevents in Amerika, kommen an über 60 Veranstaltungsorten der Stadt lokale, nationale und internationale Größen des Jazz zusammen. Das Musikgenre spielt in Washington, DC eine besonders große Rolle – unter anderem auch, weil Duke Ellington als einer der wohl einflussreichsten amerikanischen Jazzmusiker hier geboren und aufgewachsen ist.

Konzerte zum „DC JazzFest"

INFO

Übersicht ausgewählter Festivals in DC:

- National Cherry Blossom Festival: Mitte März bis Mitte April, die meisten Veranstaltungen sind öffentlich zugänglich und kostenfrei; *nationalcherryblossomfestival.org*
- Passport DC: alljährlich im Mai, „Around the World Embassy Tour" an den ersten beiden Samstagen des Monats mit Tanzvorführungen, Musik, Kochdemonstrationen und vielem mehr in den teilnehmenden Botschaften, freier Eintritt; *culturaltourismdc.org/portal/passport-dc1*
- Capital Pride Celebration: jedes Jahr im Juni, Höhepunkt ist das Capital Pride Wochenende mit Parade, wenn am Samstagnachmittag mehr als 200 bunt kostümierte Gruppen, Organisationen und festlich dekorierte Umzugswagen auf einer 2,5 Kilometer langen Route durch die Stadt ziehen; *capitalpride.org*
- Giant National Capital Barbecue Battle: umfangreiches Programm an zwei Tagen im Juni; bbqindc.com
- Smithsonian Folklife Festival: Ende Juni/Anfang Juli, meistens mit den Feierlichkeiten zum 4. Juli kombinierbar, kostenfrei zugänglich; *festival.si.edu*
- DC JazzFest: fünftägiges Event im Sommer, viele kostenfreie bzw. preiswerte Tickets; *dcjazzfest.org*

6. Die grünste Stadt der USA

Dank der mehr als 630 Parkanlagen ist ein Viertel der Stadtfläche von Washington, DC eine grüne Oase. Für Besucher wirkt es dann zuweilen so, als wären sie gar nicht in einer Metropole zu Gast. So gibt es neben dem Sightseeing immer wieder ein Plätzchen der Ruhe und Entspannung – egal ob rund um die National Mall oder in den angrenzenden Stadtvierteln.

Schon im Anflug auf Washington, DC lässt sich erahnen, dass nicht nur das Umland, sondern auch die Stadt selbst von zahlreichen Parkanlagen, Waldgebieten und Gärten geprägt ist. 98 Prozent der Einwohner in der US-Hauptstadt leben weniger als zehn Gehminuten von einem Park entfernt. Das ermittelte 2021 der ParkScore® Index von The Trust for Public Land und kürte damit DC zur grünsten Stadt der USA. Schon Stadtplaner Pierre L'Enfant (siehe Seite 32, Tipp 4) hatte diese Vision: die „Federal City" mit öffentlichen Gärten zu bestücken, also Orte zu schaffen, an denen man Achtsamkeit und Meditation praktizieren und dem städtischen Lärm entkommen kann. Hier bedeutet die Redewendung „Meet me at the Mall" etwas ganz anderes als in anderen Städten, denn in DC ist nicht das Einkaufsvergnügen gemeint, sondern die National Mall (siehe Seite 18, Tipp 1).

Die grüne US-Hauptstadt

Boulder Bridge entlang des gleichnamigen Trails

Auch wenn diese wohl die bekannteste Grünfläche ist, beeindruckt Naturliebhaber der fast 690 Hektar große Rock Creek State Park im Norden der Stadt noch viel mehr. Über 50 Kilometer Wanderwege führen entlang majestätischer Baumbestände, Wiesen mit Picknickmöglichkeiten und Flüssen. Perfekter Ausgangspunkt ist das Nature Center and Planetarium, das auch als Besucherzentrum fungiert. Ausstellungen und ein spezieller Discovery Room für Kinder erzählen mehr über die Pflanzenarten und tierischen Bewohner des Parks. Letztere können teilweise schon dort in natura betrachtet werden: bei Vogelbeobachtungen von der Aussichtsplattform oder lebende Schildkröten und Schlangen in großen Terrarien. Das angeschlossene Planetarium lädt zum Blick in die Sterne ein. Vom Nature Center aus starten auch einige Wanderwege, darunter der fast sechs Kilometer lange Boulder Bridge Rundweg, der durch den dichten Wald und entlang

Wander- und Laufwege im Rock Creek Park

des Baches sowie über die 1902 errichtete gleichnamige Steinbrücke führt. Der frühere Präsident Theodore Roosevelt spazierte mehrfach auf dem Pfad und empfahl diesen auch gern ausländischen Gesandten, wenn diese in DC weilten. Bei einer Wanderung verlor der Präsident einen goldenen Ring nahe der Brücke und versuchte sogar, diesen mittels einer Zeitungsannonce wiederzuerlangen. Die Bitte: Wer den Ring finde, solle ihn im Weißen Haus für Teddy abgeben. Leider ohne Erfolg! Neben Natur gibt es auch eine Menge Geschichte im Park zu entdecken, so zum Beispiel die Peirce Mill aus den 1820er-Jahren. Die letzte funktionierende Schrotmühle im Rock Creek Park ist heute ein kleines Museum.

Wer noch nicht lang genug auf den Beinen ist, sollte unbedingt auch der kleinen Schwester vom Rock Creek Park einen Besuch abstatten: Nur ein paar Gehminuten von der südlichen Parkseite entfernt befindet sich der Meridian Hill Park, wo ein riesiger Kaskadenbrunnen aus 13 gestuften Becken ein wundervolles Wasserspiel darbietet.

Eine der wohl entspanntesten Arten Washington, DC zu erkunden, bietet übrigens das Fahrrad. Es kommt nicht nur in den Parks zum

Kaskadenbrunnen im Meridian Hill Park

Einsatz, sondern ist auch ein angenehmes Fortbewegungsmittel in der ganzen Stadt, da die Hauptverkehrsadern über eigene „Bike Lanes" verfügen. In Washington, DC und Umland stehen über Capital Bikeshare mehr als 500 Stationen und 4300 Fahrräder zur Verfügung.

INFO

Lage und Anfahrt: Am besten ist der Rock Creek State Park mit der Metro erreichbar – nächste Stationen zum Nature Center sind Friendship Heights (Red Line) und Fort Totten (Red, Green und Yellow Line). Von dort mit dem Bus E-4 zum Stopp Military, Glover oder Oregon. Über den Ausgang Harvard Street NW der Straße folgen und dann links auf 16th Street abbiegen zum Meridian Hill Park (etwa 20 Minuten Fußweg).

Aktivitäten:

- Der Rock Creek State Park kann das ganze Jahr über von Sonnenaufgang bis Sonnenuntergang besucht werden. Das Nature Center and Planetarium (Besucherzentrum) ist von mittwochs bis sonntags von 9 bis 17 Uhr geöffnet; 5200 Glover Road NW, Washington, DC 20015, *nps.gov/rocr*
- Der Meridian Hill Park ist täglich ab 5 Uhr zugänglich; 16th Street & W Street NW, Washington, DC 20009, *nps.gov/places/meridian-hill-park*
- Besichtigungen der Peirce Mill sind ganzjährig an den Wochenenden, im Sommer auch freitags möglich; 2401 Tilden Street NW, Washington, DC
- Einmal wie die Präsidenten Woodrow Wilson oder Ronald Reagan durch den Rock Creek Park reiten: Das Rock Creek Park Horse Center bietet geführte Reittouren von März bis November, ab 60 USD pro Person; 5100 Glover Road NW, Washington, DC 20015; *rockcreekhorsecenter.com*
- Capital Bikeshare: Nutzung per App oder Pässe für Einzelfahrten/24-Stunden an den Stationen, ab 2 USD Einzelfahrt bis 30 Minuten, ab 8 USD für 24-Stunden-Tickets; *capitalbikeshare.com*

7. Star Wars und Mondgestein in der Washington National Cathedral

Mit ihren zwei mächtigen Kirchtürmen und dem langen, aber schmalen Kirchenschiff thront die Washington National Cathedral unübersehbar auf dem Mount St. Alban. Die sechstgrößte Kathedrale der Welt (und zweitgrößte der USA) wurde erst 1990 nach 83 Jahren Bauzeit fertigstellt. Die Pläne für das Gotteshaus reichen indes bis ins 18. Jahrhundert zurück, als die Hauptstadt durch den berühmten Stadtplaner Pierre L'Enfant konzipiert wurde.

National Cathedral

Wer hier herkommt, etwa 15 Autominuten nordwestlich der National Mall, entdeckt einen monumentalen sakralen Bau, größtenteils errichtet aus grauem Kalkstein aus dem US-Bundesstaat Indiana, im Stil der englischen Gotik aus dem 14. Jahrhundert. Über rund 160 Meter erstreckt sich das Kirchenschiff, während die beiden Westtürme rund 75 Meter emporragen. Die Spitze des rund 90 Meter hohen Excelsis Deo Tower markiert gar den höchsten Punkt in der Hauptstadt. Doch nicht nur mit ihrer schieren Größe imponiert die Washington National Cathedral (eigentlich: Cathedral Church of Saint Peter and Saint Paul in the City and Diocese of Washington), sondern auch mit ihrer prachtvollen Architektur. Vor

Space Window mit einem Stück Mondgestein

allem die 215 bunt verzierten Kirchenfenster bleiben in Erinnerung. So besteht allein die herausragende Westrose aus mehr als 10.000 Glasstücken. Besonders bekannt: das sogenannte Space Window. Es enthält ein Stück Mondgestein, welches die Astronauten der Mission Apollo 13 vom Erdtrabanten mitbrachten.

Zu den weiteren Besonderheiten des Gotteshauses zählen die Kanzel, die aus Steinen der britischen Canterbury Cathedral besteht, sowie der Hochaltar mit einem Stück Fels aus dem Gartengrab in Jerusalem. An die Geschichte der USA und der Hauptstadt erinnern Statuen von George Washington und Abraham Lin-

Wasserspeier an der Außenfassade

Auch Darth Vader blickt von oben hinab.

coln. Überdies ist hier die Ruhestätte von Woodrow Wilson, dem 28. Präsidenten der USA (1913 bis 1921), zu finden – das einzige Staatsoberhaupt der Vereinigten Staaten, das in der Hauptstadt beigesetzt wurde. An der Außenseite der Kathedrale fallen die mehr als 100 hübsch gestalteten Wasserspeier auf. Eine Figur von ihnen stellt Darth Vader aus der Kinoreihe Star Wars dar. Die Idee dafür resultiert aus einem Skulpturenwettbewerb für Kinder, den ein junger Sternenkrieger-Fan aus Nebraska in den 1980er-Jahren mit diesem Entwurf gewonnen hatte.

Auch wenn die Kathedrale erst 1990 offiziell fertiggestellt wurde, war sie bereits zuvor Schauplatz bedeutender Gottesdienste. So fanden beispielsweise Gedenkzeremonien für die frühere First Lady Eleanor Roosevelt (1962) oder für die Opfer des Vietnamkrieges

Tageslicht fällt durch die bunt verzierten Fenster in das Kirchenschiff.

(1982) statt. Friedensnobelpreisträger Martin Luther King Jr. sprach letztmals von der hiesigen Kanzel, bevor er ermordet wurde (1968). Auch zur Einführung zahlreicher US-Präsidenten, beispielsweise von Franklin Delano Roosevelt (1937), George W. Bush (2001 und 2005) sowie Barack Obama (2009 und 2013), wurden hier Gottesdienste abgehalten.

INFO

Lage und Anfahrt: 3101 Wisconsin Avenue NW, Washington, DC 20016. Mit der Metro Red Line bis zur Station Tenleytown-AU, Ausgang Richtung Westseite der Wisconsin Avenue, dann mit einem beliebigen Bus der Linie 30 (30N, 30S, 31 oder 33) auf der Wisconsin Avenue etwa 2,5 Kilometer nach Süden bis zur Woodley Road; die Kathedrale liegt links. Alternativ mit dem Taxi oder Mitfahrdienst in rund 15 Minuten vom Weißen Haus.

Besichtigungen: freitags 13 bis 17 Uhr, samstags und montags 10 bis 17 Uhr, Eintritt 15 USD

Gottesdienste: beispielsweise jeden Sonntag um 11:15 Uhr

Website: *cathedral.org*

Tipp: Ein spannender Ausflug führt in säkulare Katakomben unter der Hauptstadt. Sie finden sich unterhalb des 1898 eingeweihten Franziskanerklosters Franciscan Monastery of the Holy Land. Diese umfassen eine Reihe von Wandgräbern, die an frühchristliche Bestattungen in den Katakomben des alten Rom erinnern. Der Eingang in den unterirdischen Komplex könnte aus einem Roman von Dan Brown stammen. Die Katakomben haben eine offizielle päpstliche Genehmigung und beinhalten ein Skelett eines Kindes. Der Legende nach sollen die Knochen zu einem Märtyrer aus dem 2. Jahrhundert gehören und im Jahr 1929 aus der Katakombe des heiligen Calixtus in Rom in das Kloster in der Kapitale gekommen seien. Das Kloster und die Katakomben können auf geführten, kostenlosen Touren besichtigt werden; 1400 Quincy Street NE, Washington, DC 20017, *myfranciscan.org*.

Die Stadtviertel der Hauptstadt entdecken

Architektonischer Hingucker im The Yards Park (Capitol Riverfront)

Die Stadtviertel der Hauptstadt entdecken

8. Georgetown: Gemütlich und großstädtisch
9. Kosmopolitisches Flair am Dupont Circle
10. Relaxtes Multikulti in Adams Morgan und Columbia Heights
11. Black Culture in U Street und Shaw
12. Buntes Treiben im Penn Quarter
13. Capitol Hill: Lebendige Downtown von DC
14. Southwest Waterfront und Navy Yards: Unterwegs am Wasser
15. Anacostia: Vom Riesenstuhl bis zu grünen Oasen

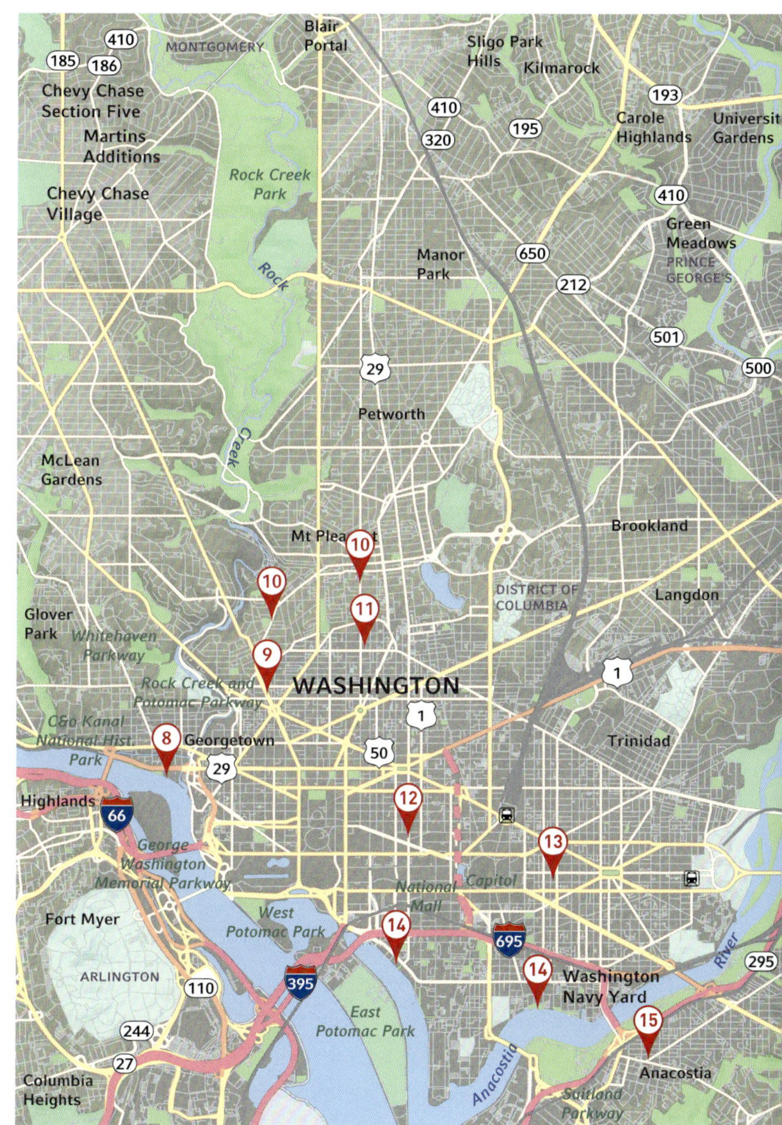

Blair
Portal
Sligo Park
Hills
Kilmarock
Montgomery
Chevy Chase
Section Five
Martins
Additions
Chevy Chase
Village
Rock Creek
Park
Carole
Highlands
Universit
Gardens
Green
Meadows
Prince
George's
Manor
Park
Petworth
McLean
Gardens
Mt Pleasant
Brookland
District of
Columbia
Langdon
Glover
Park
Whitehaven
Parkway
Rock Creek and
Potomac Parkway
WASHINGTON
C&O Kanal
National Hist.
Park
Georgetown
Trinidad
Highlands
George
Washington
Memorial Parkway
National
Mall
Capitol
Fort Myer
West
Potomac Park
Arlington
Washington
Navy Yard
East
Potomac Park
Anacostia
Suitland
Parkway
Columbia
Heights
River

8. Georgetown: Gemütlich und grossstädtisch

Dass die US-Hauptstadt trotz ihrer Bedeutung als Machtzentrale äußerst lebenswert ist, spüren Besucher spätestens bei einem Abstecher in den pittoresken Stadtteil Georgetown. Nur 15 Autominuten westlich der National Mall fühlt man sich inmitten der historischen Gebäude und kleinen Straßen an eine beschauliche Kleinstadt erinnert – obwohl Studenten der berühmten Georgetown University und die hier lebende Politprominenz für Hauptstadtflair sorgen.

Georgetown gilt als ältester Teil des District of Columbia und wurde als eigenständige Stadt 1751 gegründet. Erst 1871 wurde sie in die Hauptstadt integriert. Einst ein Arbeiterviertel und, bis die Eisenbahn an Bedeutung gewann, geprägt vom Schiffsverkehr auf dem Potomac River, ist der Stadtteil heute eine der herausragenden Wohngegenden. Prominente wie die mittlerweile verstorbene US-Außenministerin Madeleine Albright waren und sind hier zu Hause. Die vielen historischen Gebäude aus dem 18. und 19. Jahrhundert sowie das urbane Lebensgefühl gleichen zuweilen einer Stadt in der „alten Welt" auf der anderen Seite des Atlantiks.

Old Stone House aus dem Jahr 1765

Georgetown University

Als Einstieg in die spannende Historie lohnt ein Besuch des Old Stone House: Es gilt als einziges noch existierendes Gebäude aus der Zeit vor der Amerikanischen Revolution und wurde 1765 errichtet. Einen guten Einblick in die Gründungszeit der Hauptstadt und der Nation vermittelt auch der Tudor Place. Hier war einst ab 1794 Martha Washingtons Enkeltochter zu Hause. Heute kann der herrschaftliche Bau mit seinen mächtigen Säulen sowie den Außenanlagen besichtigt werden. Insgesamt sechs Generationen der Washingtons lebten hier. Die Ausstellung umfasst 18.000 Exponate, darunter die größte Sammlung zu George Washington außerhalb von Mount Vernon (siehe Seite 98, Tipp 19).

Georgetown ist vom wissenschaftlichen Flair der gleichnamigen Universität mit ihren mehr als 15.000 Studenten geprägt. Zu den bekanntesten Absolventen zählt der 42. US-Präsident Bill Clinton. Die 1789 als damals erste römisch-katholische, von Jesuiten geführte Universität zählt zu den weltweit bedeutendsten Kaderschmieden für Topkarrieren in der Politik. Alternativ lässt sich der Stadtteil auf den Spuren der Kennedys erkunden, die hier lebten.

Shopping-Vergnügen entlang M Street

Flanieren direkt am Wasser

Nach so viel Sightseeing finden Besucher Entspannung in den zahlreichen Restaurants, Cafés und Bars des pulsierenden Stadtviertels. Gerade abends ertönt oftmals Livemusik – ideal, um beim Dinner oder einem Cocktail den hiesigen Lifestyle mit seinem Mix aus studentischem und politischem Washington zu erleben. Gerade rund um die Wisconsin Avenue haben sich viele Geschäfte jenseits der bekannten Marken angesiedelt, ebenso Galerien und kleine Kunstgeschäfte.

Daneben steht der Stadtteil für seine großen Grünanlagen, beispielsweise den Dumbarton Oaks Park, sowie die Lage am Wasser. So verläuft der C&O Canal (siehe Seite 110, Tipp 22) zwischen M Street und K Street quer durch Georgetown. Die Ufer des einst bedeutenden Wirtschaftsfaktors animieren heute zum Flanieren

Blick auf Georgetown und den Washington Harbour Complex

und Joggen. Bei Einheimischen und Touristen ebenfalls beliebt: der Washington Harbour Complex am Potomac River mit Open-Air-Bars und Restaurants sowie Ausflugsfahrten und Kajakverleih.

INFO

Lage und Anfahrt: Georgetown liegt westlich der National Mall am Potomac River. Metrostation Foggy Bottom-GWU (Orange, Blue und Silver Line), dann weiter zu Fuß oder mit dem Bus, alternativ mit dem Wassertaxi ab The Wharf; *cityexperiences.com/washington-dc/city-cruises/potomac-river/water-taxi*

Aktivitäten:

- Old Stone House: freitags bis montags 11 bis 19 geöffnet; 3051 M Street NW, Washington, DC 20007, *nps.gov/rocr/planyourvisit/old-stone-house-visitor-center.htm*
- Tudor Place: Besichtigungen sind freitags sowie an Wochenenden von 12 bis 16 Uhr möglich, kein Eintritt (Spende erbeten); 1644 31st Street NW, Washington, DC 20007, *tudorplace.org*
- Auf den Spuren von Jaqueline und John F. Kennedy: Broschüre zur selbstgeführten Tour unter *georgetowndc.com/guide/self-guided-kennedy-walking-tour*
- Washington Harbour: viele Restaurants sowie im Winter eine Eislauffläche; 3000-3050 K Street NW, Washington, DC 20007, *thewashingtonharbour.com*

Restaurants:

- Martin's Tavern gehört zu den kulinarischen Klassikern des Politbetriebs. Harry S. Truman und George W. Bush waren vor ihrer Wahl ins Präsidentenamt hier Gäste; 1264 Wisconsin Avenue NW, Washington, DC 20007, *martinstavern.com*
- Georgetown Cupcakes: köstliche Kreationen der kleinen Kuchen mit verschiedenen Toppings – 2008 von zwei Schwestern eröffnet, wurden sie zu Reality-TV-Stars durch die Sendung „DC Cupcakes"; 3301 M Street NW, Washington, DC 20007, *georgetowncupcake.com*

Website: *georgetowndc.com*

9. Kosmopolitisches Flair am Dupont Circle

Kaum ein Platz in der Hauptstadt ist so bekannt wie der Dupont Circle, nordwestlich vom Weißen Haus gelegen. Rund um den Kreisverkehr mit dem markanten Brunnen finden sich sowohl zahlreiche Botschaften und Wissenschaftseinrichtungen als auch bedeutende Museen und Restaurants. Besucher sind schnell vom weltoffenen Ambiente des gleichnamigen historischen Viertels fasziniert.

Dupont Circle Fountain ist ein populärer Treffpunkt.

Den eindrucksvollen Marmorbrunnen Dupont Circle Fountain hatte einst Daniel Chester French geschaffen. Er gilt als einer der bedeutendsten amerikanischen Bildhauer des 19. und 20. Jahrhunderts. Von ihm stammt auch die weltbekannte Präsidentenstatue im Lincoln Memorial. Benannt wurde der Platz 1882 nach dem Marineoffizier Samuel Francis Du Pont für seine Verdienste im Amerikanischen Bürgerkrieg (1861 bis 1865), nachdem der Dupont Circle zunächst als Pacific Circle ab 1871 im historischen Teil der Stadt entstanden war.

Die Massachusetts Avenue – eine der vier Straßen, die den Dupont Circle kreuzen – ist auch als „Embassy Row“ bekannt: Entlang des Boulevards sowie in den Seitenstraßen haben sich zahlreiche Botschaften angesiedelt. Die prächtigen Gebäude, die zumeist aus der Zeit des 19. Jahrhunderts stammen, sind dafür prädestiniert.

Zu den weiteren Attraktionen des Viertels zählt das Woodrow Wilson House, etwa 15 Gehminuten nordwestlich vom Kreisverkehr. Hier lebte Woodrow Wilson, 28. Präsident der USA (1913 bis 1921), nachdem er das Weiße Haus verlassen musste bis zu seinem Tod 1924. Zu seinen prominenten Gästen in der Zeit gehörten der ehemalige britische Premierminister David Lloyd George und der ehemalige französische Premierminister Georges Clemenceau. Wer heute das Haus besucht, erlebt einen einzigartigen Schatz aus dem weltmännischen Leben zu Beginn des 20. Jahrhunderts.

Überdies sollten Reisende bei einem Spaziergang durch den Stadtteil einen Abstecher in die Phillips Collection unternehmen.

Die Phillips Collection beherbergt große Kunst.

Die Sammlung wurde 1921 als erstes Museum für moderne Kunst in den USA eröffnet. Die Phillips Collection umfasst mehr als 6000 Werke, unter anderem von Paul Klee, Vincent van Gogh und Pablo Picasso. Als bekanntestes Exponat gilt das Bild „Frühstück der Ruderer“ von Pierre-Auguste Renoir. Im Vergleich zur bekannten Phillips Collection zählen das The Mansion on O Street und das O Museum in the Mansion eher noch zu den Attraktionen abseits der ausgetretenen Pfade: Der Komplex aus Museum, Hotel und Club besteht aus mehr als 100 Zimmern. Bei Besichtigungen sollten Besucher besonders nach den mehr als 70 „Geheimtüren“ Ausschau halten – ein eigenwilliger Museumsmix mit Themenräumen, Antiquitäten bis hin zu Erinnerungsstücken an die Beatles.

Unter den zahlreichen Geschäften und Restaurants, die den Stadtteil prägen, ist das Kramers (ehemals Kramerbooks & Afterwords) eine echte Institution. Es wurde 1976 als Kombination aus Buch-

Outdoor-Dining im bekannten Buchladen Kramers

laden und Café gegründet und begrüßte schon so bekannte Kunden wie Barack Obama, Andy Warhol und Monica Lewinsky. Auch der Garten sowie die Bar des Brewmaster's Castle at Heurich House bieten sich für eine Pause an. Das angeschlossene Museum erinnert an den deutsch-amerikanischen Bierbrauer Christian Heurich, einst der mächtigste Brauer der Hauptstadt.

INFO

Lage und Anfahrt: Der Dupont Circle und das gleichnamige Stadtviertel liegen nordwestlich vom Weißen Haus, zu Fuß bis zum Kreisverkehr etwa 20 Minuten. Alternativ mit der Metro zur Station Dupont Circle (Red Line).

Aktivitäten:

- Woodrow Wilson House: An Wochenenden sowie ausgewählten weiteren Tagen werden geführte Touren angeboten, ab 15 USD pro Person; 2340 S Street NW, Washington, DC 20008, *woodrowwilsonhouse.org*
- Phillips Collection: von Dienstag bis Sonntag zwischen 11 und 18 Uhr geöffnet, 16 USD Eintritt; 1600 21st Street NW, Washington, DC 20009, *phillipscollection.org*
- The Mansion on O Street & O Museum in the Mansion: Der verschachtelte und kreative Komplex ist nur auf geführten Touren zugänglich (ab 25 USD pro Person), auch Übernachtungen möglich; 2020 O Street NW, Washington, DC 20036, *omuseum.org*

Restaurants:

- Kramers: jeden Tag zwischen 8 und 22 Uhr geöffnet (Sonntag bis 21 Uhr); 1517 Connecticut Avenue NW, Washington, DC 20036, *kramers.com*
- Brewmaster's Castle at Heurich House: Der Garten ist von Montag bis Freitag zwischen 11 und 17 Uhr zugänglich, die sogenannte Garden Bar donnerstags und freitags von 17 bis 20 Uhr sowie samstags 14 bis 18 Uhr; 1307 New Hampshire Avenue NW, Washington, DC 20036, *kim-bender.squarespace.com*

Website: *washington.org/de/dc-neighborhoods/dupont-circle*

10. Relaxtes Multikulti in Adams Morgan und Columbia Heights

Nur wenige Kilometer nördlich des Weißen Hauses offenbart sich ein ganz anderes Bild von Washington, DC. Das gerade bei Nachtschwärmern beliebte Adams Morgan und mehr noch das benachbarte Columbia Heights zeigen die große ethnische und kulturelle Vielfalt dieser Weltstadt.

Columbia Heights

Rund um 18th Street geht es lebhaft zu, tagsüber und gerade in den Nachtstunden. Die Straße bildet das Herzstück von Adams Morgan, jenem Stadtviertel, das mit seinen vielen bunten Häuschen sowie den unzähligen Restaurants, Tanzlokalen, Cafés und Shops einen Alltag ganz abseits von Hochkultur und großer Politik bietet. Naturgemäß strömen die Besucher vor allem in den Abendstunden hierher, zumal sich das kulinarische Angebot als weltumspannend bezeichnen lässt – kaum eine Küche, die sich hier nicht findet. Dazu gibt es viel Entertainment und Livemusik. Es erinnert daran, dass sich in diesem Teil von DC schon immer aufstrebende Künstler und Bands ihre ersten Sporen verdienten. Und natürlich ist im Stadtteil Adams Morgan auch völlig Schräges zu erleben, so zum Beispiel bei einem Sonntagsbrunch mit Dragqueens.

Bunte Häuserfassaden in Adams Morgan

Ebenso vielseitig ist das Stadtviertel Columbia Heights östlich von Adams Morgan. Neben zahlreichen Lokalen finden sich hier herrliche alte Wohnhäuser und Bäume entlang der Straßen. In den Sommermonaten lässt sich in Columbia Heights hautnah erleben, dass auch in einer Großstadt im Osten der USA viel Leben unter freiem Himmel stattfindet, etwa wenn Familien und Musiker sich zum Picknick im Meridian Hill Park treffen.

INFO

Lage und Anfahrt: Direkt nach Adams Morgan führt keine Metrolinie. Die nächstgelegene Station ist Woodley Park-Zoo/Adams Morgan (Red Line). Von dort läuft man etwa eine Viertelstunde über Calvert Street bis zu 18th Street. Dagegen liegt die Haltstelle Columbia Heights (Green und Yellow Line) mitten im gleichnamigen Stadtviertel.

Restaurants:

- Tryst: lässiges Szenecafé mit Außenbereich; 2459 18th Street NW, Washington, DC 20009, trystdc.com
- Speisen der Philippinen serviert das aufstrebende Bad Saint: 3226 11th Street NW, Washington DC 20010, *badsaintdc.com*
- Leckeres aus Laos präsentiert Thip Khao (auch mal Exotisches wie Alligator oder Schweineohren): 3462 14th Street NW, Washington, DC 20010, *thipkhao.com*
- Drag Brunch im japanischen Restaurant Perry's Adam Morgan: zwei Shows jeden Sonntag (10 und 13 Uhr), Reservierung nötig, 44 USD; 1811 Columbia Road NW, Washington, DC 20009, *perrysam.com/brunch*
- Mit dem Spruch „Where The Beautiful People Go To Get Ugly" wirbt der Musikclub Madam's Organ, seit über 20 Jahren eine Institution im Nachtleben von DC: 2461 18th Street NW, Washington, DC 20009, *madamsorgan.com*

Websites:

- *washington.org/dc-neighborhoods/adams-morgan*
- *washington.org/dc-neighborhoods/columbia-heights*

11. Black Culture in U Street und Shaw

Noch zu Zeiten des Bürgerkrieges gab es hier nur Bäume und Wiesen sowie Militärlager der Unionstruppen. Entsprechend kamen zahlreiche Sklaven hierher, die aus dem Süden geflohen waren und sich nun sicher fühlen konnten. Und es dauerte nicht lang, bis sich daraus eine lebhafte Community entwickelte.

Nach Ende des Krieges entstanden schnell die ersten Häuser, und von Pferden gezogene Straßenbahnen verknüpften sie mit der Innenstadt. Der Abschnitt der heutigen U Street von der 14th Street im Westen in Richtung Osten bis in den Stadtteil Shaw hinein gilt als das Herzstück afroamerikanischer Kultur in DC und als Keimzelle dessen, was sich in der ersten Hälfte des 20. Jahrhunderts weit über die Stadtgrenzen hinweg als Black Broadway, also als Alternative zum vor allem von Weißen geprägten Broadway in New York, etablieren sollte. Oder anders ausgedrückt: Hier entstand DCs musikalisches Epizentrum.

Farbenfrohe Wandmalereien

Nicht nur der in Washington, DC geborene Duke Ellington, sondern auch legendäre Stars wie Billie Holiday, Louis Armstrong und Miles Davis traten in den Clubs entlang U Street auf. Und während der Prohibition soll es allein in dieser Gegend bis zu 3000 Speakeasy-Lokale mit illegalem Alkoholausschank gegeben haben.

Bekanntester Imbiss der Stadt: Ben's Chili Bowl

Bis heute säumen Clubs, Bars, Restaurants und bunte Shops die Straßen. Schnell gewinnt man einen Eindruck davon, wie sich die Musikszene und afroamerikanische Kultur von einst bis ins 21. Jahrhundert weiterentwickelt haben. Besonders beachtenswert sind das Howard Theatre von 1910, einst das größte „colored theatre" der Welt, sowie die riesigen Wandgemälde in dem Viertel, zum Beispiel bei 905 U Street NW.

INFO

Lage und Anfahrt: U Street und Shaw liegen im Norden von DC und lassen sich leicht mit der Metro (Green und Yellow Line) erreichen: Haltestellen U Street sowie Shaw-Howard University.

Aktivitäten:

- 209.145 Soldaten afroamerikanischer Herkunft kämpften im Bürgerkrieg auf Seiten der Nordstaaten. Ihnen ist das African American Civil War Memorial bei der Kreuzung Vermont Avenue, 10th Street und U Street gewidmet, *nps.gov/afam*
- Auch weit über 100 Jahre nach seiner Eröffnung präsentiert das Howard Theatre inmitten von Shaw attraktive Liveacts; 620 T Street NW, Washington, DC 20001, *thehowardtheatre.com*
- Deutlich jünger ist der 9:30 Club, den das Magazin Rolling Stone einmal als „Best Big Room in America" titulierte; 815 V Street NW, Washington, DC 20001, *930.com*

Restaurants:

- Die Restaurantszene ist enorm vielfältig, wobei, rein zahlenmäßig, die Lokale mit Gerichten aus Äthiopien und Eritrea herausstechen. Tipp: Dukem Ethiopian Restaurant #1: 1114-1118 U Street, Washington, DC 20009, *dukemrestaurant.com*
- Ben's Chili Bowl: bekanntester Imbiss der Stadt mit zahlreichen prominenten Fans wie Ex-Präsident Barack Obama. Die Hot-Dog-Variante Ben's Famous Chili Half Smoke ist so gut wie jedem Einwohner ein Begriff; 1213 U Street NW, Washington, DC 20009, *benschilibowl.com*

Websites:

- *washington.org/dc-neighborhoods/u-street*
- *washington.org/dc-neighborhoods/shaw*

12. BUNTES TREIBEN IM PENN QUARTER

Historisch betrachtet bildeten die Straßen und Häuserblocks nördlich der Pennsylvania Avenue das Zentrum von Washington, DC. Dieses mag sich zwar seit den 1950er-Jahren mit der Ausbreitung des Stadtgebiets verschoben haben, das Viertel Penn Quarter präsentiert sich aber quirliger denn je.

Moderne Architektur im CityCenterDC

In unmittelbarer Nähe zu den großen Machtzentren der Stadt und des gesamten Landes sowie zu den Weltklasse-Sehenswürdigkeiten von DC hat sich eine moderne und lebhafte urbane Szene entwickelt, auf die manch andere amerikanische Metropole mit etwas Neid blicken dürfte. Museen, Sportstätten und Theaterbühnen sowie Restaurants, Bars und Einkaufsmöglichkeiten drängen sich im Penn Quarter dicht an dicht mit Büros und Wohnungen. Dass so etwas auch städtebaulich gelingen kann, dafür steht stellvertretend das 2015 fertiggestellte CityCenterDC. Es beherbergt neben vielen Shops auch Apartments und ein Luxushotel.

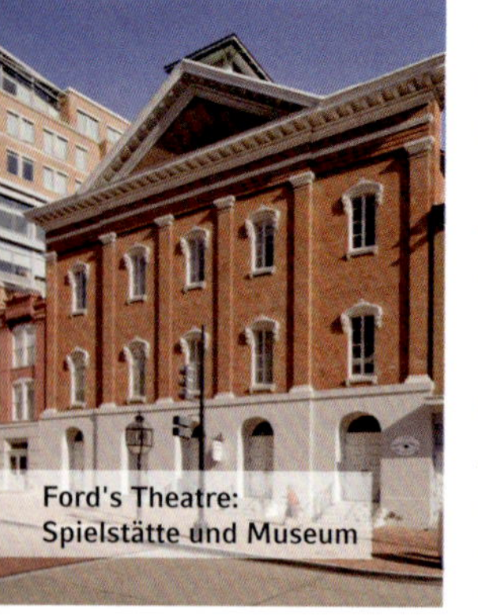
Ford's Theatre: Spielstätte und Museum

Wer klassisches Sightseeing machen möchte, hat – wie so oft in DC – die Qual der Wahl. Das National Law Enforcement Museum zur Geschichte der amerikanischen Strafverfolgung gilt als besonders interaktiv und ist trotz seiner Thematik recht unterhaltend. Geschichtsinteressierte besuchen das Ford's Theatre, eben jene Spielstätte, in der 1865 Präsident Abraham Lincoln Opfer eines Attentats wurde. Im nahe gelegenen Nationalarchiv lassen sich in der Rotunde die Originale der wichtigsten Dokumente der US-Geschichte betrachten, darunter die

Unabhängigkeitserklärung von 1776. Interessant ist auch eine Stippvisite im Ausstellungsbereich, wo unzählige weitere staatliche Dokumente einsehbar sind, selbst zu Themen wie dem JFK-Attentat oder angeblichen UFO-Sichtungen.

Chinatown

INFO

Lage und Anfahrt: Penn Quarter liegt nördlich der National Mall und östlich des Weißen Hauses. Vom US-Kapitol aus dauert der Spaziergang keine Viertelstunde. Zentrale Metrostation ist die Haltestelle Archives-Navy Memorial-Penn Quarter (Green und Yellow Line).

Aktivitäten:

- Mehr als 40 edle Shops und Restaurants umfasst das CityCenterDC; 10th & H Street NW, Washington, DC 20001, *citycenterdc.com*
- National Law Enforcement Museum: Freitag bis Sonntag von 10 bis 17 Uhr geöffnet, 21,95 USD Eintritt; 444 E Street NW, Washington, DC 20001, *nleomf.org/museum*
- Die historische Ausstellung des Ford's Theatre öffnet täglich außer dienstags von 9 bis 17 Uhr, ab 3 USD Eintritt; 511 10th Street NW, Washington, DC 20004, *fords.org/visit/historic-site*
- Besucher des National Archives Museum finden den Eingang auf der Constitution Avenue zwischen 7th und 9th Street NW, Washington, DC 20408; täglich von 10 bis 17 Uhr geöffnet, freier Eintritt, jedoch müssen vorab Tickets gebucht werden, *museum.archives.gov*
- Direkt nördlich von Penn Quarter schließt sich Chinatown an. Die Geschäfte und Lokale dort bilden einen tollen Kontrast zur übrigen Stadt; H und I Street zwischen 5th und 8th Street, *nps.gov/places/dc-chinatown.htm*

Website:

- *washington.org/dc-neighborhoods/penn-quarter-chinatown*

13. Capitol Hill: Lebendige Downtown von DC

Wer in Washington, DC vom Capitol Hill spricht, meint nicht unbedingt den nach dem römischen Vorbild benannten Hügel mit dem prächtigen US-Kapitol darauf. Vielmehr schließt sich östlich davon der unter Einheimischen beliebte Stadtteil gleichen Namens an.

Tatsächlich gehört Capitol Hill zu den ältesten Vierteln in DC. Schon um 1810 soll auf den Straßen ein reges Treiben geherrscht haben. Heute wohnen rund 35.000 Menschen dort und bestätigen, dass die Kapitale der USA eine Stadt ist, in der man nicht nur arbeitet, sondern auch gerne wohnt und die Freizeit verbringt. Ein Paradebeispiel dafür ist der Eastern Market. In der 1873 eröffneten Markthalle findet sich eine Fülle von Händlern, die Meeresfrüchte, handgefertigte Pasta, ofenfrische Backwaren und vieles mehr feilbieten. An Wochenenden wird es auch rund um die Halle herum voll, wenn Farmer aus den umliegenden Bundesstaaten mit ihren Erzeugnissen in die Stadt kommen. Kunsthandwerk, ein Flohmarkt und Livemusik machen den Trubel dann perfekt.

Lokale Produzenten und frische Produkte auf dem Eastern Market

Beliebte Wohngegend mit hübschen Backsteinhäusern

Entworfen hat den Eastern Market der ursprünglich aus Heilbronn stammende Architekt Adolf Cluss. Er zeichnete zu Lebzeiten für den Bau vieler Gebäude in der Stadt verantwortlich, darunter Schulen und Kirchen. Zu seinen Werken zählen aber auch öffentliche Gebäude und Museen, darunter das Smithsonian Arts and Industries Building an der National Mall, einst die museale Stätte des Landes, welche die großen zukunftsweisenden Innovationen und visionären Erfindungen präsentierte. Cluss' Vorliebe für die Verwendung von rotem Backstein – aber auch eine gewisse Sympathie für Karl Marx – brachten ihm den Spitznamen „Roter Architekt" ein.

Generell fällt auf, wie viel historische Bausubstanz in dem Viertel noch erhalten ist – so auch entlang der Barracks Row Main Street, jenem Abschnitt der 8th Street, der zwischen M Street und Pennsylvania Avenue verläuft. Die Geschäftsstraße nahe den Marine Barracks, der ältesten Basis des U.S. Marines Corps, lädt mit unzähligen Geschäften und Lokalen zum ausgiebigen Bummeln ein.

Stöbern in kleinen Geschäften

Nördlich von Capitol Hill schließt sich NoMa an, ehemals industriell geprägt, aber mittlerweile ebenfalls eine aufstrebende Wohngegend. NoMa umfasst die Viertel nördlich von Massachusetts Avenue (**No**rth of **Ma**ssachusetts Avenue) und

22 korinthische Säulen ragen im National Arboretum in den Himmel.

östlich der Union Station. Auch für Nicht-Bahnfahrer ist ein Besuch der Union Station, immerhin der zweitgeschäftigste Bahnhof der USA, interessant: einmal wegen seiner herrlichen neoklassizistischen und Beaux-Arts-Architektur sowie einmal mehr wegen der großen Anzahl an Läden und Restaurants, die seine Mauern ebenfalls bergen.

United States Botanic Garden: grüne Oase nahe des US-Kapitols

Ein Nachbar des Bahnhofs ist seit 1993 das National Postal Museum. Neben der nationalen Philatelie-Sammlung des Landes befasst es sich auch mit Stationen aus der Postgeschichte wie dem legendären Pony-Express, Postkutschen und den ersten Postflugzeugen. Zudem befindet sich die Briefmarkensammlung, die Beatles-Star John Lennon als Kind zusammengetragen hatte, in seiner Obhut.

INFO

Lage und Anfahrt: Wer nicht ohnehin zu Fuß oder mit dem Fahrrad nach Capitol Hill kommt, nimmt am besten die Metro: Haltestellen Capitol South und Eastern Market (jeweils Blue, Orange und Silver Line). Für NoMa bietet sich die Station NoMa-Gallaudet U (Red Line) an.

Aktivitäten:

- Die Markthalle des Eastern Market ist dienstags bis sonntags von 9 bis 17 Uhr geöffnet. Der Markt unter freiem Himmel findet Dienstagnachmittag (nur Lebensmittel) sowie an den Wochenenden von 9 bis 15 Uhr statt; 225 7th Street SE, Washington, DC 20003, *easternmarket-dc.org*
- National Postal Museum: freitags bis dienstags von 10 bis 17:30 Uhr geöffnet, freier Eintritt; 2 Massachusetts Avenue NE, Washington, DC 20002, *postalmuseum.si.edu*
- Zu Füßen des Hügels befindet sich im Stadtteil Capitol Hill der United States Botanic Garden, der älteste botanische Garten des Landes; 100 Maryland Avenue SW, Washington, DC 20001, *usbg.gov*
- Gegenüber dem Botanic Garden liegt eine weitere grüne Oase, die eilige Touristen gerne übersehen: Bartholdi Park mit dem prächtigen Fountain of Light and Water, öffentlich zugänglich und in dem Dreieck aus Independence Avenue, Washington Avenue und 1st Street gelegen, *usbg.gov/bartholdi-park*
- Ausflugstipp: Im National Arboretum im Nordosten von DC stehen hübsch aufgereiht einige Säulen. Diese gehörten einstmals zum US-Kapitol, bis man keine Verwendung mehr für sie hatte und sie in diesen Park gelangten. Täglich von 8 bis 17 Uhr geöffnet, freier Eintritt; Zugänge bei 3501 New York Avenue NE sowie bei 24th und R Streets NE, *usna.usda.gov*

Websites:

- *washington.org/dc-neighborhoods/capitol-hill*
- *washington.org/dc-neighborhoods/noma*

14. Southwest Waterfront und Navy Yards: Unterwegs am Wasser

Am Ufer des Washington Channel, einem Seitenarm des Potomac und des Anacostia River, trifft Historie auf Moderne: Hier stehen sowohl der am längsten betriebene Fischmarkt der USA als auch das moderne Unterhaltungszentrum The Wharf. Und wem das noch nicht reicht, der kann mit dem Kajak oder einem Wassertaxi die Gegend erkunden.

Frischer Fisch soweit das Auge reicht.

Ein Streifzug zur und entlang der Waterfront von Washington, DC beginnt idealerweise am Municipal Fish Market im Stadtviertel Southwest Waterfront. Seit 1805 werden hier täglich frischer Fisch und Meeresfrüchte verkauft. Der hiesige Fischmarkt, wo die Delikatessen in mehreren Restaurants auch direkt probiert werden können, ist der älteste in den gesamten USA.

Ein besonderes Unikum der Hauptstadt liegt nur wenige Gehminuten entfernt: die Gangplack Marina. An den 88 Liegeplätzen etablierte sich seit 1977 die vermutlich größte Community von „Liveaboards" an der Ostküste. Die Menschen leben ganzjährig auf ihren Hausbooten – mittlerweile dicht an dicht mit modernen Ausflugsbooten, die hier regelmäßig ablegen.

Ebenfalls am Washington Channel eröffnete 2017 der neue Komplex The Wharf mit Geschäften, Hotels und zahlreichen gastronomischen Angeboten. Das Projekt galt als eines der größten Bauprojekte an der Ostküste und hat entscheidend dazu beigetragen,

Konzerte, Yoga-Sessions oder Filmabende: Hier ist immer etwas los.

die Bewohner der Hauptstadt noch näher ans Wasser zu führen. Auf den Pieranlagen werden kostenlose Aktivitäten offeriert: von Yoga-Stunden bis zu Filmabenden. Zudem ist The Wharf ein zentraler Ableger für Wassertaxis und Ausflugsschiffe. Von den hiesigen Piers aus lassen sich beispielsweise mit den Booten von City Cruises der beliebte Stadtteil Georgetown (siehe Seite 52, Tipp 8) sowie die sehenswerten Nachbarstädte Alexandria (siehe Seite 94, Tipp 18) in Virginia und National Harbor (siehe Seite 100, Tipp 20) in Maryland schnell und bequem erreichen. Wer lieber selbst aktiv werden möchte, kann in The Wharf alternativ ein Kajak mieten und die Wasserwege auf eigene Faust erkunden. Boote werden auch im nahen Ballpark Boathouse am Anacostia River im Stadtteil Navy Yards verliehen.

Begehrter Treffpunkt für Einheimische: District Winery

Südlich der National Mall lohnt es sich, weiter diesen Teil der Hauptstadt zu erkunden. In einem sehenswerten Kontrast zum modernen The Wharf stehen viele Gebäude aus dem 18. Jahrhundert. Am besten lässt man sich durch die Straßen treiben. Für Geschichtsinteressierte bietet sich ein Besuch im U.S. Navy Museum auf dem Washington Navy Yard an. Ein Spaziergang durch die Gegend könnte beispielsweise am The Yards Park enden: In der Grünanlage und den umliegenden Restaurants lässt es sich mit Blick auf den Anacostia River gut entspannen. Direkt angrenzend findet sich das Weingut District Winery mit einer Weinbar und informativen Touren zur Weinherstellung.

Neben Fischmarkt, Bootsausflügen und The Wharf ist die Gegend für mehrere Veranstaltungsorte bekannt: So tragen die Washington Nationals der Major League Baseball seit 2008 ihre Heimspiele im Nationals Park aus, während im Fußballstadion Audi Field die Spieler von D.C. United aus der Major League Soccer aktiv sind. Und in der Konzerthalle The Anthem treten regelmäßig internationale Musikstars wie Bob Dylan und Noel Gallagher auf.

The Wharf: der beste Platz, um einen ereignisreichen Tag ausklingen zu lassen

Mit dem Wassertaxi geht es nach Georgetown oder Alexandria.

INFO

Lage und Anfahrt: südlich der National Mall; von der Metrostation L'Enfant Plaza Metro/VRE (Green, Orange und Silver Line) wird ein kostenloser Busshuttle zu The Wharf angeboten. Zu Fuß vom Capitol Hill in jeweils 25 Minuten zu The Wharf oder The Yards Park.

Aktivitäten:

- The Municipal Fish Market: täglich von 8 bis 20 Uhr geöffnet; 1100 Maine Avenue SW, Washington, DC 20024, *www.wharfdc.com/fish-market*
- Wassertaxi: regelmäßige Verbindungen per Boot nach Georgetown, Alexandria und National Harbor; Transit Pier, 950 Wharf Street SW; *cityexperiences.com/washington-dc/city-cruises/potomac-river/water-taxi/wharf*
- The Wharf: Geschäfte, Restaurants, Hotels und weitere Unterhaltungsangebote; 760 Maine Avenue SW, Washington, DC 20024, *wharfdc.com*
- Ballpark Boathouse: Verleih von Booten (Kajak ab 18 USD), Stand-up-Paddling-Boards (ab 22 USD) und Fahrrädern (ab 11 USD); mehrere Stationen, zum Beispiel The Wharf, 700 Water Street Southwest, Washington, DC 20004, *boatingindc.com*
- District Winery: Weinbar (täglich geöffnet) und geführte Touren mit Weinprobe (eine Stunde, 35 USD, Mittwoch bis Sonntag); 385 Water Street SE, Washington, DC 20003, *districtwinery.com*

15. ANACOSTIA: VOM RIESENSTUHL BIS ZU GRÜNEN OASEN

Es ist nicht allzu lange her, dass Anacostia und die umliegenden Straßenzüge keine Gegend war, die oft von Touristen besucht wurde. Glücklicherweise sind diese Zeiten vorbei, sodass Anacostia heute zu den unbekannteren Perlen der US-Hauptstadt gehört, deren Entdeckung aber unbedingt zu empfehlen ist.

Auf einen Bummel zu großen Sehenswürdigkeiten ...

Unübersehbar an der Kreuzung Martin Luther King Avenue und V Street steht Anacostias markanteste Sehenswürdigkeit: Chair. Diese überdimensionale, 1959 von einer Möbelfirma für Werbezwecke errichtete Sitzgelegenheit galt mit einer Höhe von rund sechs Metern einst als größter Stuhl der Welt. 1960 diente die Sitzfläche mit ihren rund neun Quadratmetern sogar einer Frau für 42 Tage als Wohnstätte. Der originale Stuhl war aus Holz gefertigt, dem die Witterung mit den Jahren arg zusetzte, weshalb seit 2006 ein aus Aluminium gebautes Replikat zu sehen ist.

... sowie kleinen Shops und Restaurants

Chair ist ein guter Ausgangspunkt für einen Bummel durch den überraschend grünen historischen Bezirk mit zahlreichen Arbeiterwohnhäusern aus dem 19. Jahrhundert. Nicht verpasst werden sollte das prächtige Anwesen Cedar Hill auf einem Hügel, wo der frühere Sklave und Abolitionist Frederick Douglass (Seite 244, Tipp 56) von 1877 an lebte.

Vom Cedar Hill aus bietet sich eine herrliche Aussicht auf den Anacostia River und Washington, DC. Wer heutzutage den Blick über die Kapitale schweifen lässt, erahnt kaum, dass diese eigentlich auf Sumpfland errichtet wurde. Ein Besuch von Kenilworth Park & Aquatic Gardens gibt Aufschluss darüber, welche Pflanzenvielfalt hier einst zu Hause war und wie die Ureinwohner sich diese zunutze machten.

Lotosblumen-Teich

INFO

Lage und Anfahrt: Anacostia liegt im Süden von Washington, DC. Von der Innenstadt dauert die Fahrt mit der Metro (Green Line) zur gleichnamigen Station etwa zehn Minuten.

Aktivitäten:

- Frederick Douglass' Wohnhaus Cedar Hill: täglich von 9 bis 16:30 Uhr geöffnet (ein Besuch der Innenräume ist nur im Rahmen von Führungen möglich), freier Eintritt; 1411 W Street SE, Washington, DC 20020, *nps.gov/frdo*
- Kenilworth Park & Aquatic Gardens: präsentiert zahlreiche Wasserpflanzen wie 500 Jahre alte Lotosblumen sowie weit über 200 Vogelarten, ganzjährig täglich von 8 bis 16 Uhr geöffnet, freier Eintritt; 1550 Anacostia Avenue SE, Washington, DC 20020, *nps.gov/keaq*
- Eine weitere grüne Oase ist der Anacostia Park: direkt am gleichnamigen Fluss gelegen und über den River Trail mit Kenilworth Park & Aquatic Gardens verbunden, täglich von Sonnenauf- bis Sonnenuntergang geöffnet, freier Eintritt; 1900 Anacostia Drive SE, Washington, DC 20020, *nps.gov/anac*
- Viel Wissenswertes zu Anacostia vermittelt das Anacostia Community Museum, das zur Smithsonian Institution gehört: dienstags bis samstags von 11 bis 16 Uhr geöffnet, freier Eintritt; 1901 Fort Place SE, Washington, DC 20020, *anacostia.si.edu*

Website: *washington.org/dc-neighborhoods/anacostia*

SPECIAL: 48 STUNDEN IN WASHINGTON, DC

Die Hauptstadt der Vereinigten Staaten von Amerika ist mehr als nur politisches Zentrum, sondern bietet Besuchern auch viel Kultur und Lebensart – Tipps für zwei unvergessliche Tage in der Kapitale.

Beliebter Anlaufpunkt an der National Mall: das Lincoln Memorial

TAG 1

8:30 Uhr: Unterwegs auf der National Mall

Hier lohnt frühes Aufstehen. Wer zeitig morgens am Lincoln Memorial ist, kann weitestgehend ungestört das berühmte Denkmal genießen. Die Gedenkstätte zu Ehren Abraham Lincolns, dem 16. US-Präsidenten, zählt zu den Topattraktionen an der ohnehin populären National Mall. Denn rund um die knapp fünf Kilometer lange Parkanlage gruppieren sich die wichtigsten Sehenswürdigkeiten der Hauptstadt. Vormittags gelingen auch die besten Bilder des beeindruckenden, mit 36 Säulen veredelten Lincoln Memorial, wenn noch nicht zu viele andere Besucher Selfies machen und zugleich die Sonne das 1922 eingeweihte Denkmal anstrahlt.

10:15 Uhr: Auf zwei Rädern durch die Hauptstadt

Auch wenn viele Highlights fußläufig rund um die National Mall liegen, spricht vieles für den Wechsel aufs Fahrrad – damit lassen sich die zahlreichen interessanten Spots noch bequemer erreichen. Der Anbieter Bike and Roll DC verleiht am Hauptsitz an der L'Enfant Plaza individuell Zweiräder und bietet geführte Touren an: Bei der Capital Sites Bike Tour werden die wichtigsten Attraktionen angesteuert. Zu den Fotostopps zählen beispielsweise das Weiße Haus, das Lincoln Memorial und das US-Kapitol.

Auf zwei Rädern von Gedenkstätte zu Gedenkstätte

13:30 Uhr: Lunch am Wasser

Nach gut zwölf Kilometern auf dem Fahrrad haben sich Reisende eine Pause verdient. Dafür lohnt ein kleiner Spaziergang zum

Entspannung direkt am Wasser im Stadtviertel The Wharf

Potomac River: Der moderne Gebäudekomplex The Wharf umfasst zahlreiche Restaurants. Bei der großen Auswahl von Burger-Shop bis Fischrestaurant dürfte jeder fündig werden.

14:30 Uhr: Weltberühmte Museen

Nirgendwo in den USA ist das Angebot größer. Zahlreiche Museen wetteifern um die Gunst der Hauptstadtbesucher. Allein in den zahlreichen Ausstellungen der Smithsonian Institution könnte man Tage verbringen. Weltweit bekannt sind vor allem das National Air and Space Museum und das National Museum of Natural History. Und seit 2016 begeistert das National Museum of African

Das Smithsonian Castle

American History and Culture: Es ist der Geschichte und Kultur der afroamerikanischen Bevölkerung gewidmet. Die Schau reicht bis zurück in die Zeit der Sklaverei und Verschleppung aus Afrika. Viele Exponate veranschaulichen Unterdrückung und Diskriminierung. Ergreifend ist beispielsweise ein Eisenbahnwaggon mit unterschiedlichen Abteilen für Schwarze und Weiße. Zu den mehr als 30.000 Ausstellungsstücken zählen auch ein rotes Cadillac-Cabrio von Chuck Berry und eine Trompete von Louis Armstrong.

Kunst, Shopping und Genuss: In Georgetown bekommen Besucher alles.

18 Uhr: Dinner in Georgetown

Die Hauptstadt bietet indes mehr als Historie und Politik. Bestes Beispiel: der pittoreske Stadtteil Georgetown. Obwohl nur gut 15 Autominuten von der National Mall entfernt, fühlen sich hier viele Besucher eher an eine beschauliche Kleinstadt erinnert. Nur einige Shops bekannter Marken und wenige edle Restaurants erinnern an das Leben in der Kapitale. Dazwischen finden sich viele kleine Boutiquen, trendige Cafés und Bars, manche mit Livemusik. Und wer noch fit ist, folgt dem Beispiel anderer Touristen und startet anschließend noch zu einem abendlichen Spaziergang entlang der National Mall – die Denkmäler sind allesamt illuminiert.

TAG 2

8:30 Uhr: Zu Gast im Machtzentrum

Kein anderer Ort in der Hauptstadt ist bedeutender: Die Besichtigung des US-Kapitols als Sitz von Senat (Nordflügel) und Repräsentantenhaus (Südflügel) sollte sich niemand entgehen lassen. Wer auf Nummer sichergehen möchte, reserviert im Vorfeld eine der kostenlosen Führungen. Nach einem Einführungsfilm können Besucher in kleinen Gruppen ausgewählte Räume – beispielsweise die Rotunde und die National Statuary Hall mit Statuen bedeutender Persönlichkeiten – besichtigen.

Fantastischer Blick unter die Rotunde des US-Kapitols

11 Uhr: Beeindruckende Bibliothek

Vom Kapitol ist es nur ein kurzer Weg zur Library of Congress. Zu den kostbarsten Stücken zählt eine Originalausgabe der Gutenberg-Bibel aus dem 15. Jahrhundert. Der Lesesaal ist nicht fürs Publikum zugänglich, aber der Blick hinein ist ebenso imponierend wie das Innere des Gebäudes selbst.

National 9/11 Pentagon Memorial

14 Uhr: Auf nach Arlington

Auch wenn es auf der anderen Seite des Potomac River liegt, zählt ein Ausflug nach Arlington im US-Bundesstaat Virginia zum typischen Programm eines Besuchs in DC, wie viele die Hauptstadt gern nennen. Im Pentagon, dem bekannten, weltweit größten Bürogebäude, ist das US-Verteidigungsministerium zu Hause. Daneben erinnert das Pentagon Memorial an die Opfer der Anschläge von 9/11, als sich unter anderem ein Passagierflugzeug in das Gebäude bohrte und 184 Menschen starben. Noch mehr aber fasziniert der Arlington National Cemetery. Auf dem wohl berühmtesten aller mehr als 130 Nationalfriedhöfe sind unter anderem John F. Kennedy und seine Frau begraben.

18 Uhr: Nightlife in der Kapitale

Abends lockt die kulinarische Vielfalt der Hauptstadt. Alteingesessene Steakhäuser konkurrieren mit Multi-Kulti-Gastronomie dank der vielen Botschaften und Expats. Als Institution gilt der Old Ebbitt Grill. Und danach lohnt ein Drink in einer der zahlreichen Open-Air- und Rooftop-Bars, beispielsweise im Hotel Kimpton Banneker oder am Ufer des Potomac River.

Rooftop-Bar Lady Bird im Hotel Kimpton Banneker mit Blick auf das Weiße Haus und das Washington Monument

Die Umgebung von DC entdecken

Verschnaufpause am Wasser: Auch im Umland macht eine Tour auf zwei Rädern richtig Spaß.

Die Umgebung von DC erkunden

16. Fairfax County: Wasserfälle und ein Nationalpark der Künste
17. Arlington: Ehrendenkmäler und Lebensfreude
18. Alexandria: Geschichte trifft Lifestyle
19. Mount Vernon: Kleinod von George Washington
20. National Harbor: Unterhaltung pur
21. College Park Airport: Von Luftfahrtpionieren bis zu Expeditionen ins Weltall

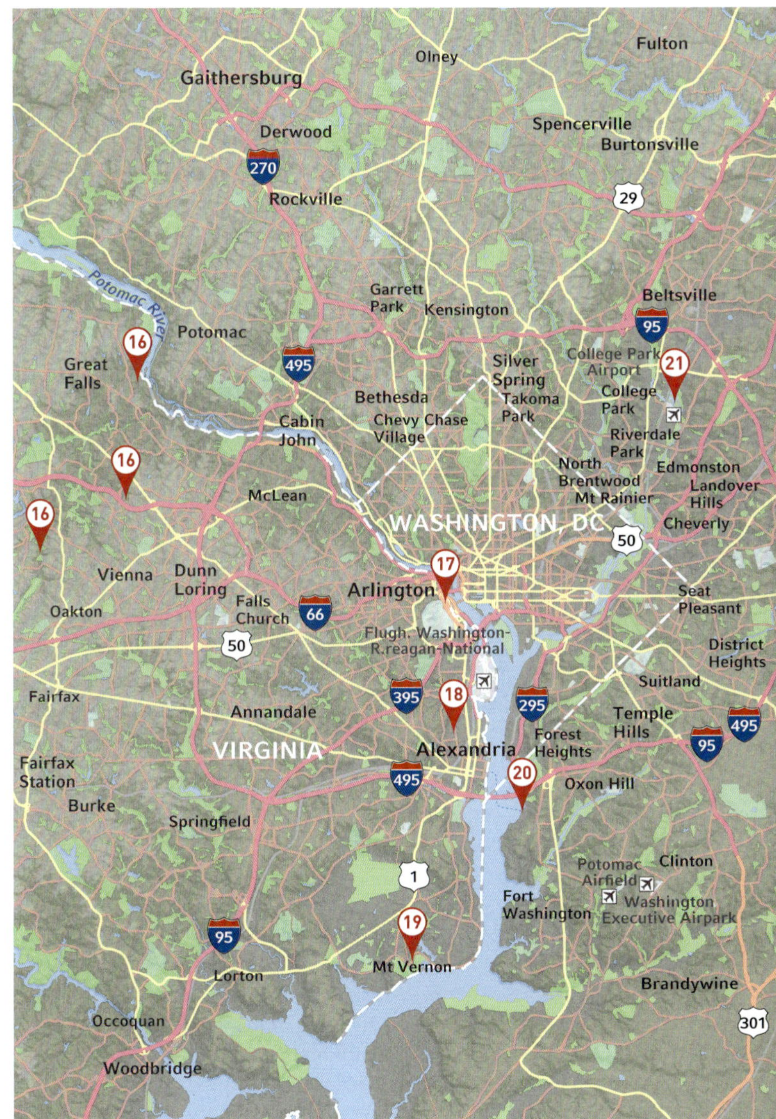
Fulton
Olney
Gaithersburg
Derwood
Spencerville
Burtonsville
270
Rockville
29
Potomac River
Garrett Park
Kensington
Beltsville
95
Potomac
16
College Park Airport
21
Great Falls
495
Silver Spring
Takoma Park
Bethesda
College Park
Cabin John
Chevy Chase Village
Riverdale Park
16
North Brentwood
Edmonston
Mt Rainier
Landover Hills
McLean
16
WASHINGTON, DC
Cheverly
50
17
Vienna
Dunn Loring
Arlington
Seat Pleasant
Oakton
Falls Church
66
Flugh. Washington-R.reagan-National
50
District Heights
Suitland
Fairfax
395
18
295
Annandale
Temple Hills
495
Forest Heights
VIRGINIA
Alexandria
95
Fairfax Station
495
20
Oxon Hill
Burke
Springfield
Clinton
Potomac Airfield
1
Fort Washington
Washington Executive Airpark
19
95
Lorton
Mt Vernon
Brandywine
301
Occoquan
Woodbridge

16. Fairfax County: Wasserfälle und ein Nationalpark der Künste

Im Norden Virginias – zwischen dem Dulles International Airport und Washington, DC – liegt Fairfax County, eine der wohl aufstrebendsten Regionen des Bundesstaates. Hier fühlen sich große Firmen wie Microsoft, Google und Capital One, aber auch Pendler aus DC zu Hause, denn der Freizeitwert ist enorm hoch.

Beeindruckendes Naturschauspiel

Wo einst Mehl, Whiskey, Tabak und Eisen bis nach Georgetown verschifft wurden, ist heute ein Naherholungsgebiet vor den Toren der US-Hauptstadt, das auf beeindruckende Weise die ungestüme Kraft der Natur zeigt. Der über 320 Hektar große Great Falls Park lässt sich am besten auf den verschiedenen Wanderwegen mit insgesamt 24 Kilometer Länge entdecken. Sie führen Besucher zu den unterschiedlichen Aussichtspunkten – der spektakulärste Spot, die Great Falls of the Potomac River, befindet sich an der nördlichen Grenze des Parks. Oft hört man die brausenden Wasserfälle lange schon, bevor man sie sieht. Nach üppigen Regentagen steigt der Pegel, und die Wassermassen nehmen zusätzlich Fahrt auf. Da stellt sich die Frage, wie hier eigentlich Güter trans-

Wanderwege führen zu den schönsten Aussichtspunkten.

portiert werden konnten. Die Lösung: der Patowmack-Kanal, eine kilometerlange, künstliche Wasserstraße, die 1785 gebaut wurde und mit ihrem Schleusensystem zu den ältesten der Vereinigten Staaten zählt. Entlang der Pfade stehen noch Ruinen der kleinen Stadt Matildaville. Dort hatte einst die Patowmack Company, die 1785 gegründet wurde, um den Potomac River für den Handel per Schiff befahrbar zu machen, ihren Hauptsitz. Der etwa acht Kilometer lange Rundweg Difficult Run Trail führt vom Parkplatz über zahlreiche kleine Wasserfälle zu den Aussichtsplattformen an den Great Falls of the Potomac River. Für Kletterer ist das Gebiet ebenfalls attraktiv, denn auf einigen Klippen können Felsenzeichnungen der Ureinwohner Nordamerikas entdeckt werden.

Eine ganz andere Parkerfahrung machen Besucher etwa zehn Autominuten entfernt im Wolf Trap National Park for the Performing Arts in Vienna: der einzige Nationalpark des Landes, der sich ausschließlich den darstellenden Künsten widmet. Seine Gründung im Jahr 1966 ist der damals bereits 71-jährigen Catherine Filene Shouse zu verdanken. Als hochdekorierte Staatsdienerin hatte sie der US-Regierung rund 40 Hektar Farmland geschenkt sowie die Mittel zum Bau eines Freiluft-Amphitheaters überlassen. Ihr Wunsch war es, einen Ort zu schaffen, an dem die Künste in Harmonie

Atemberaubende Klangkulisse in einem Nationalpark

Koreanischer Glockengarten im Meadowlark Botanical Gardens

mit der Natur genossen werden können. Der heute 117 Hektar große Park beherbergt das architektonisch sehenswerte Filene Center und das Children's Theatre-in-the-Woods sowie zahlreiche gastronomische Einrichtungen, Wanderwege und Picknickplätze. Somit ist er immer einen Besuch wert, ob mit oder ohne Konzertticket.

Gleich nebenan warten die Meadowlark Botanical Gardens auf Besucher. Neben einem malerischen Pavillon, drei Seen und einer Fülle an Blumen ist das Highlight der authentische koreanische Glockengarten. Dieser ist der einzige seiner Art in der westlichen Hemisphäre und ein Symbol der Freundschaft zwischen Virginia und Südkorea. Ein Geheimtipp: Im Frühjahr stehen hier die Kirschbäume in vollster Blüte, eine sehenswerte Ergänzung zum „National Cherry Blossom Festival" in DC (siehe Seite 36, Tipp 5).

Imposante Fluggeräte in der Außenstelle des National Air and Space Museum

INFO

Lage und Anfahrt: Fairfax County liegt westlich von Washington, DC im Norden Virginias. Der Great Falls Park ist ab DC in 30 Autominuten über den Clara Barton oder den George Washington Memorial Parkway zu erreichen. Mit öffentlichen Verkehrsmitteln fährt man am besten mit der Silver Line zu den Stationen Spring Hill oder Greensboro, von dort sind es noch gut acht Kilometer mit dem Taxi oder Mitfahrdienst.

Aktivitäten:

- Great Falls Park: geöffnet ab 7 Uhr bis Sonnenuntergang, 10 USD Eintritt oder bei Anreise mit dem Auto 20 USD (umfasst alle Insassen), das Ticket ist ebenfalls gültig für den Chesapeake and Ohio Canal National Historic Park (siehe Seite 110, Tipp 22); 9200 Old Dominion Drive, McLean, VA 22102, *nps.gov/grfa*
- Wolf Trap National Park for the Performing Arts: zugänglich von Sonnenauf- bis Sonnenuntergang, während Aufführungen und Festivals nur mit Eintrittskarte für das jeweilige Event; 1551 Trap Road, Vienna, VA 22182-1643, *nps.gov/wotr, wolftrap.org*
- Meadowlark Botanical Gardens: geöffnet täglich ab 10 Uhr, Eintrittsende saisonal abhängig, Eintritt 6 USD; 9750 Meadowlark Gardens Court, Vienna, VA 22182, *novaparks.com/parks/meadowlark-botanical-gardens*
- Beliebter Stopp vor dem Rückflug ab Washington Dulles: Das Steven F. Udvar-Hazy Center, die beeindruckende Außenstelle vom National Air and Space Museum an der National Mall, beherbergt in zwei riesigen Hangars zahlreiche Ausstellungsstücke aus der Luft- und Raumfahrt, darunter eine Concorde, die Raumfähre Discovery und eine Lockheed SR-71 Blackbird; freier Eintritt, Parkgebühr 15 USD; 14390 Air and Space Museum Parkway, Chantilly, VA 20151, *airandspace.si.edu/udvar-hazy-center*

Website: *fxva.com*

17. Arlington: Ehrendenkmäler und Lebensfreude

Natürlich sind der amerikanische Nationalfriedhof und das Pentagon die populärsten Sehenswürdigkeiten von Arlington, gelegen gegenüber von Washington, DC am anderen Flussufer des Potomac River. Doch dort stehen neben einer Stippvisite in die Geschichte der Vereinigten Staaten auch viel Natur und Lifestyle auf dem Programm.

Besucher erreichen Arlington von der Hauptstadt aus bequem mit der Metro. Als erster Stopp bietet sich in der Tat ein Besuch des wohl berühmtesten Friedhofs der USA an. Weit mehr als 200.000 weiße, schlichte Grabsteine erinnern an die Männer, die im Dienst für ihr Land ihr Leben gelassen haben. Neben Soldaten haben hier auch Zivilisten wie Richter des Supreme Court ihre letzte Ruhestätte gefunden. Der National Cemetery – einer von insgesamt mehr als 130 – ist vor allem für das Grab des ermordeten Präsidenten John F. Kennedy sowie seiner Ehefrau Jacqueline bekannt. Eine ewige Flamme flackert inmitten der Ruhestätte. Neben John F. Kennedy ist mit Howard Taft nur ein weiterer US-Präsident hier beigesetzt. Zu den weiteren prominenten Gräbern zählen die Ruhestätten von Robert Kennedy, dem ebenfalls ermordeten Bruder des US-Präsidenten, sowie die der Astronauten, welche 1967 bei der Katastrophe der Apollo 1 ums Leben kamen. Der Wachwechsel am Grabmal des unbekannten Soldaten gilt als weitere touristische Attraktion. Alle 30 bzw. 60 Minuten wechseln sich die Angehörigen des 3rd U.S. Infantry Regiment ab, mit stren-

Blick vom Arlington National Cemetery auf Washington, DC

gem Blick und zackigem Drill – ein beliebtes Fotomotiv für die bis zu vier Millionen Besucher jedes Jahr. Auf dem weitläufigen Gelände erinnern überdies mehrere Monumente an besondere Ereignisse der US-Geschichte. Das ikonische United States Marine Corps War Memorial (Iwo Jima Memorial) am Eingang gedenkt der Soldaten des Marine Corps, die seit 1775 gefallen sind, mit der weltberühmten Darstellung des Hissens der Flagge auf der Insel Iwojima. Ein paar Meter abseits des Friedhofs beeindruckt das Air Force Memorial zu Ehren der US-Luftwaffe mit seinen drei bis zu 82 Meter hohen Säulen.

Wachwechsel am Grabmal des unbekannnten Soldaten

Neben dem Nationalfriedhof ist auch das Pentagon einen Besuch wert. Der fünfeckige Komplex als Sitz des US-Verteidigungsministeriums gilt als weltgrößtes Bürogebäude. Was das heißt? Es bietet Platz für mehr als 25.000 Mitarbeiter, hat dreimal so viel Bürofläche wie das Empire State Building in New York und alle Flure aneinandergereiht ergeben eine Länge von über 28 Kilometer. Das Gebäude wurde während des Zweiten Weltkriegs errichtet. Auf den Anschlag am 11. September 2001 verweist das 9/11 Pentagon Memorial an der Westseite. 184 Menschen starben, als Terroristen ein Passagierflugzeug ins Pentagon abstürzen ließen. Die hohe Sicherheitsausstattung verhinderte eine höhere Zahl an Opfern.

United States Marine Corps War Memorial

Für Abwechslung nach den Besichtigungen sorgen zehn bunte Stadtviertel in Arlington, die alle zahlreiche Einkehr- und Einkaufsmöglichkeiten sowie auch Hotels anbieten. Nachtleben und Festivalbühnen finden Besucher beispielsweise in Clarendon. Courthouse wartet mit internationalen Restaurants, dem Arlington Farmers Market und Arlington Urban Village Market auf. Shopping-Fans finden alles in den Einkaufstempeln Pentagon Row und Fashion Centre at Pentagon City, letzteres mit mehr als 140 Geschäften.

Wen es nach viel Historie lieber ins Grüne zieht, der steuert Theodore Roosevelt Island an: Die kleine Insel im Potomac River erinnert an den 26. US-Präsidenten, der als Naturschützer bekannt war. Über die Insel führen zahlreiche Wege – ideal für einen erholsamen Spaziergang samt Aussicht auf die Hauptstadt. Ohnehin ist Arlington für seine weiten Grünanlagen bekannt und wurde 2021 als viertgrünste Stadt der USA ausgezeichnet, während Washington, DC den ersten Platz belegte (siehe Seite 40, Tipp 6). Als Alternative zur Insel im Potomac River locken beispielsweise der Long Bridge Park sowie der Mount Vernon Trail samt schönen Aussichtspunkten.

Ausgehen im Stadtviertel Clarendon

Umgeben von einem naturbelassenen Park: die Gedenkstätte für Theodore Roosevelt

INFO

Lage und Anfahrt: Arlington liegt gegenüber von Washington, DC und ist daher schnell per Metro (Blue Line) erreichbar, beispielsweise zu den Stationen Arlington Cemetery, Pentagon oder Pengaton City. Alternativ bietet sich ein Ausflug mit dem Fahrrad an.

Aktivitäten:

- Arlington National Cemetery: Neben individuellen Besichtigungen sind auch geführte Trolley-Touren möglich (18 USD pro Person, Tickets im Besucherzentrum oder online, *arlingtontours.com*); Arlington National Cemetery, Arlington, VA 22211, *www.arlingtoncemetery.mil*
- Fashion Centre at Pentagon City: täglich geöffnet; 1100 S Hayes Street, Arlington, VA 22202, *simon.com/mall/fashion-centre-at-pentagon-city*
- Theodore Roosevelt Island: Die kleine Insel inmitten des Potomac River liegt gut zehn Fußminuten von der Metro Station Rosslyn (Blue Line) entfernt, keine Fahrräder erlaubt; *nps.gov/this*

Restaurant:

- Lyon Hall: Brasserie mit französisch-deutschen Einflüssen; 3100 North Washington Boulevard, Arlington, VA 22201, *lyonhallarlington.com*

Website: *stayarlington.com*

18. Alexandria: Geschichte trifft Lifestyle

Schon die Anreise ist ein Erlebnis: Wer mit dem Wassertaxi aus Washington, DC über den Potomac River ankommt, genießt Alexandria von seiner Sonnenseite. Im Vordergrund schaukeln die Boote im Hafen, dahinter erstreckt sich die Altstadt. 1749 gegründet, hat der 160.000-Einwohner-Ort viel von seiner kolonialen Vergangenheit bewahren können. Weitläufig erstrecken sich teils noch Kopfsteinpflasterstraßen zu den zahlreichen historischen Gebäuden.

Der Hafen ist der ideale Ausgangspunkt für einen Stadtbummel, der gleichermaßen Historie wie auch Lifestyle verspricht. Als erster Fotostopp bietet sich die sogenannte Captains Row mit ihren prächtigen Wohnhäusern an, gelegen in der Prince Street zwischen Union und Lee Street. Nicht weit entfernt lockt das Stabler-Leadbeater Apothecary Museum mit mehr als 15.000 Exponaten. Es zeigt die Geschichte des Apothekers und Kaufmanns Edward Stabler, der das Gebäude 1805 erwarb und sein bereits 1792 gegründetes Gewerbe kräftig ausbaute. Die kurzweiligen Führungen verschaffen einen guten Überblick über das Leben im frühen

Klein, aber fein: die Häuser entlang der Captains Row

Alexandria und die Geschichte der Pharmazie, schon George Washington war hier einst Kunde. Was heute besichtigt wird, entspricht exakt dem Zustand der Apotheke, als sie 1933 geschlossen wurde.

Lebendiges Hafengebiet

In der Nähe erwartet Besucher mit dem Spite House das angeblich kleinste historische Gebäude des gesamten Landes. Das 1830 errichtete, blau getünchte Haus ist gerade einmal sieben Fuß breit, also nur gut zwei Meter. Ebenfalls nur wenige Minuten weiter lohnt Gadsby's Tavern Museum einen Besuch. Der Komplex aus Restaurant und Hotel stammt aus der Zeit Ende des 18. Jahrhunderts und war seinerzeit ein beliebter Treffpunkt der damaligen politischen Prominenz: Zu den Gästen zählten neben Washington auch die „Gründerväter" John Adams und Thomas Jefferson.

Für das nächste Ziel empfiehlt es sich, an der King Street – der zentralen Ader von Alexandria – in einen der kostenlosen Trolleys zu steigen und stadteinwärts bis zum Shuter's Hill zu fahren: Denn von der Aussichtsplattform in 101 Meter Höhe des dortigen George Washington Masonic National Memorial eröffnet sich ein unvergesslicher Panoramablick über Alexandria und den Potomac River. Auch die Memorial Hall mit einer rund zwölf Meter hohen Statue George Washingtons beeindruckt. Der Turm ist dem antiken Leuchtturm von Ale-

Blick vom Washington Masonic National Memorial

Künstler bei der Arbeit im Torpedo Factory Art Center

xandria nachempfunden und wurde bis 1932 von den Freimaurern zu Ehren des ersten Präsidenten errichtet.

Nach dem Besuch des monumentalen Gebäudes spazieren Reisende gemütlich zurück zum Hafen. Entlang der King Street finden sich zahlreiche Boutiquen und Galerien sowie kleine Restaurants. Definitiv einen Besuch wert ist das Torpedo Factory Art Center: Im Zweiten Weltkrieg war das Gebäude eine Torpedo- und Munitionsfabrik – heute gilt es als eines der größten Zentren für darstellende Künste in den Vereinigten Staaten. Zahlreiche Kreative und Künstler haben hier ihre Studios, Besucher können ihnen zuweilen bei der

Das Segelschiff Providence liegt bei Alexandria vor Anker.

Arbeit zuschauen. Zum Abschluss eines Rundgangs durch Alexandria lädt der neugestaltete Waterfront Park mit seinen Kunstinstallationen zum Verweilen ein.

INFO

Lage und Anfahrt: Alexandria liegt südlich der US-Hauptstadt, auf der anderen Seite des Potomac River. Anreise am schönsten per Wassertaxi ab The Wharf (siehe Seite 70, Tipp 14; *cityexperiences.com/washington-dc*), alternativ mit der Metro (Blue und Yellow Line)

Aktivitäten:

- Stabler-Leadbeater Apothecary Museum: Führungen durch die historische Apotheke werden stündlich angeboten, Eintritt 8 USD inkl. Führung, sonst 5 USD, geöffnet Freitag 11 bis 16 Uhr sowie Sonntag und Montag jeweils 12 bis 17 Uhr; 105-107 S Fairfax Street, Alexandria, VA 22314, *alexandriava.gov/Apothecary*
- Gadsby's Tavern Museum: geöffnet Donnerstag bis Sonntag; 134 N Royal Street, Alexandria, VA 22314, *alexandriava.gov/historic/gadsbys*
- George Washington Masonic National Memorial: 101 Callahan Drive, Alexandria, VA 22301, *gwmemorial.org*
- Torpedo Factory Art Center: zugänglich Mittwoch bis Sonntag jeweils 10 bis 18 Uhr; 105 N Union Street, Alexandria, VA 22314, *torpedofactory.org*
- Segelschiff Providence: Der Nachbau des ersten Schiffes der US-Marine kann an Wochenenden zwischen 12 und 14 Uhr besichtigt werden (6,65 USD Eintritt), Rundfahrten finden in den Sommermonaten freitags bis sonntags statt; 1 Cameron Street, Lower Level, Alexandria, VA 22314, *tallshipprovidence.org*

Restaurant:

- The Majestic Cafe: traditionsreiches Restaurant seit 1932, hier feierte 2009 Michelle Obama ihren Geburtstag; 911 King Street, Alexandria, VA 22314, *themajesticva.com*

Website: *visitalexandriava.com*

19. MOUNT VERNON: KLEINOD VON GEORGE WASHINGTON

Gerade von Alexandria als auch von Washington, DC aus lohnt ein geschichtsträchtiger Ausflug: Mount Vernon war der Landsitz von George Washington. Das Herrenhaus thront repräsentativ auf einem Hügel am Ufer des Potomac River.

Der ehemalige Landsitz von George Washington am Potomac River

Das Gebäude im schlichten Kolonialstil, genannt The Manison, besticht noch heute mit präsidialem Ambiente und kann auf kurzen Führungen besichtigt werden. Besonders der große, ganz in grün (angeblich Washingtons Lieblingsfarbe) gehaltene Speisesaal beeindruckt unter den 21 restaurierten Zimmern. Auch das rund 200 Hektar große Anwesen mit seinen vielen Nebengebäuden ist öffentlich zugänglich. Bei einem Rundgang darf ein Abstecher zum schlichten Grab Washingtons (und seiner Ehefrau Martha) nicht fehlen. Weiter führt der Rundweg durch schmucke Gärten und hin zu seiner Farm. Ein Denkmal erinnert an die damals rund 75 Sklaven, die hier einst

Terrasse mit Ausblick

arbeiteten. Deren Unterkünfte und die Scheune wurden wieder aufgebaut. Außerdem informiert eine umfassende Ausstellung im Education Center über den ersten Präsidenten. Auch dank der Schauspieler, die unter anderem George Washington darstellen, wirkt ein Besuch von Mount Vernon wie eine Zeitreise in die Anfangsjahre der Vereinigten Staaten.

Ganz in der Nähe: Getreidemühle und Brennerei

INFO

Lage und Anfahrt: Mount Vernon liegt rund 25 Kilometer südlich vom Weißen Haus, nach Alexandria sind es rund 15 Kilometer; 3200 Mount Vernon Highway, Mount Vernon, VA 22121. Am schönsten erreichen Besucher Mount Vernon mit dem Boot ab Alexandria oder Washington, DC, *cityexperiences.com/washington-dc/city-cruises/mount-vernon-cruise*. Alternativ mit der Metro bis Huntington Station (Yellow Line), dann mit dem Fairfax Connector Bus 101. Mit dem Auto via George Washington Memorial Parkway oder US Route 1 zu den kostenlosen Parkplätzen.

Öffnungszeiten: täglich 9 bis 17 Uhr, November bis März nur bis 16 Uhr

Eintritt: 28 USD für Erwachsene

Restaurants: Zusätzlich zum Food Court auf dem Anwesen gibt es mit dem angrenzenden, historischen Mount Vernon Inn ein gemütliches Restaurant; *mountvernonrestaurant.com* Dort lässt sich auch der Whiskey aus George Washington's Distillery and Gristmill probieren, die etwa zehn Autominuten entfernt liegt und besichtigt werden kann; *mountvernon.org/the-estate-gardens/distillery-gristmill*

Website: *mountvernon.org*

20. National Harbor: Unterhaltung pur

Im Kontrast zum historischen Alexandria präsentiert sich das erst vor einigen Jahren entstandene National Harbor am gegenüberliegenden Flussufer ganz modern. Das schon von Weitem sichtbare Riesenrad symbolisiert auf den ersten Blick, was Besucher hier erwartet: viel Unterhaltung. Gepaart mit einer entspannten Atmosphäre ist es das Erholungsgebiet vor den Toren der US-Hauptstadt, das gerade am Wochenende auch viele Einheimische anlockt – für Reisende eine unterhaltsame Abwechslung zum inspirierenden Sightseeing.

Kunstvolles Stranderlebnis vor Riesenrad-Kulisse

Vom rund 60 Meter hohen Riesenrad „The Capital Wheel" mit seinen 42 verglasten Gondeln direkt am Potomac River eröffnet sich ein sehenswerter Blick über den Fluss, bei gutem Wetter reicht die Sicht bis zum Washington Monument. Am Hafen und an der Promenade hat sich mittlerweile städtisches Flair etabliert. Neben dem Riesenrad laden viele Kunstinstallationen ein, die Promenade zu erkunden – beispielsweise die Skulptur „The Awakening", die einen schlafenden Riesen am Strand darstellt. Auf manchen Objekten dürfen Kinder sogar klettern. Daneben sind im gesamten

Funkelnde Abendstimmung in National Harbor

Ort Skulpturen berühmter Persönlichkeiten wie George Washington, Marylin Monroe oder Henry Ford aufgestellt. Ganzjährig können Besucher zudem auf einer großen Leinwand am Strand Filme anschauen.

Viele Cafés und Restaurants, teils mit Blick aufs Wasser, laden zum Verweilen ein. Auch mehrere Hotels liegen hier. So gilt das frisch renovierte Gaylord National Resort nicht nur als das größte Resort- und Kongresshotel ohne Spielkasino an der US-Ostküste. Vor allem eröffnet sich von vielen Zimmern, der Lobby Bar im 19-stöckigen Atrium, dem Herzstück des Hotels, sowie der Rooftop-Bar (im Stil der 1980er-Jahre) ein unvergleichlicher Blick über den Potomac River.

Imposantes Atrium des Gaylord National Resort

Zum Shoppen bieten sich nicht nur die Geschäfte und Boutiquen am Wasser an: Darüber hinaus ist National Harbor für das große Einkaufszentrum Tanger Outlets mit mehr als 70 Geschäften vieler populärer Marken wie Cal-

Auf dem Wasser mit Powerkatamaranen ...

vin Klein oder Hollister bekannt. Hier findet sich garantiert das eine oder andere Schnäppchen. Und auch wer die Einkaufs- oder Reisekasse auffüllen möchte, wird in dem Ort südlich der Hauptstadt mit dem großen MGM Casino und seinen zahlreichen Glücksspielen – vom Automatenspiel bis zum Roulette – fündig. Im Showtheater des außerhalb von National Harbor gelegenen Komplexes treten regelmäßig internationale Stars auf.

Für den Adrenalinkick beim Sightseeing sorgen schließlich die zweisitzigen, stark motorisierten Katamarane, genannt CraigCats, von Monumental Boat Tours. Geführt von einem vorausfahrenden Guide im separaten Boot steuern jeweils zwei Teilnehmer einen Power-Katamaran. Bei diesem echten Mikroabenteuer erkunden

... oder doch per Kajak mit eigener Muskelkraft

sie auf den zwei- bis zweieinhalbstündigen Ausflügen den Potomac River: entweder flussabwärts gen Mount Vernon und Jones Point Lighthouse oder flussaufwärts mit Blick auf die Monumente von Washington, DC.

INFO

Lage und Anfahrt: National Harbor liegt südlich von Washington, DC und Alexandria, direkt am Potomac River und ist gut per Boot von Alexandria (in rund 30 Minuten) und Washington, DC (beispielsweise in 65 Minuten ab The Wharf) erreichbar; *cityexperiences.com/washington-dc/city-cruises/alexandria-national-harbor*. Alternativ nutzen Reisende ohne Mietwagen ein Taxi oder einen Mitfahrdienst – mit öffentlichen Verkehrsmitteln ist die Anfahrt eher mühselig.

Aktivitäten:

- The Capital Wheel: täglich bis 22 Uhr, 15 USD pro Person; 141 American Way, National Harbor, MD 20745, *thecapitalwheel.com*
- Tanger Outlets: täglich 10 bis 21 Uhr; 6800 Oxon Hill Road, National Harbor, MD 20745, *tangeroutlet.com/nationalharbor*
- MGM National Harbor: Unterhaltungskomplex mit zahlreichen Restaurants, Hotel und Casino sowie Konzerthalle; 101 MGM National Avenue, Oxon Hill, MD 20745, *mgmnationalharbor.mgmresorts.com*
- CraigCats: saisonal Ausflüge mit dem Power-Katamaran vom Pier in National Harbor, ab 120 USD pro Person; 168 National Plaza, Oxon Hill, MD 20745, *monumentalboattours.com*

Unterkunft:

- Das weitläufige Gaylord National Resort & Convention Center verfügt über zahlreiche hochwertige Zimmer und Suiten sowie einen Innenpool; 201 Waterfront Street, National Harbor, MD 20745, *marriott.de/hotels/travel/wasgn-gaylord-national-resort-and-convention-center*

Website: *nationalharbor.com*

21. College Park Airport: Von Luftfahrtpionieren bis zu Expeditionen ins Weltall

Schon kurz nachdem die Brüder Orville und Wilbur Wright 1903 am Strand von Kitty Hawk in North Carolina mit dem Flyer I die ersten erfolgreichen Flugversuche unternommen hatten, interessierte sich auch das amerikanische Militär für ihre Erfindung.

Nur wenige Kilometer nördlich von Washington, DC, in College Park (Maryland), unterrichtete Wilbur Wright im Jahr 1909 zwei Offiziere des United States Army Signal Corps in der Kunst, den motorisierten Doppeldecker Wright Type A zu fliegen. Die Fernmeldetruppe des Heeres errichtete dazu im August des gleichen Jahres den College Park Airport. Wenig später, im Dezember 1911, starteten hier die ersten zivilen Fluggeräte. Daher gilt College Park bis heute als der älteste kontinuierlich betriebene Flugplatz der Welt und wird deshalb gern als „Cradle of Aviation" (Wiege der Luftfahrt) bezeichnet. Ein anderer Spitzname lautet „Field of Firsts". Schließlich wurde hier jede Menge weitere Fluggeschichte geschrieben: Die erste Frau im Cockpit eines Militärflugzeuges (Bernetta Adams Miller, 1912), die ersten planmäßigen Luftpostdienste (1918), die erste Präsentation eines Helikopters (Henry Adler Berliner, 1922) und viele weitere Premieren kann der Flugplatz für sich verbuchen. Entsprechend birgt das Museum am Airport – es gehört zur Smithsonian Institution – einige Schätze: Der Berliner Helicopter No.5 steht hier im Einklang mit dem Boeing-Stearman Model 75, der Curtiss JN-4 Jenny, einem Nachbau des Wright Model B und weiteren Perlen der frühen Luftfahrt.

NASA Goddard Space Flight Center

Wer sich nicht nur für die Luft-, sondern auch für die Raumfahrt begeistert, besucht eine gute Viertelstunde westlich vom College Park Airport die NASA. Das in Greenbelt, Maryland, beheimatete und nach dem Raketenpionier Robert Goddard benannte Forschungszentrum für die unbemannte Raumfahrt registriert unter anderem alle Raumflugkörper weltweit. Hier locken der Raketen-Garten mit ein paar tollen Fotooptionen und das Besucherzentrum, das sehr anschaulich zu Themen wie Weltraumteleskope, Abläufe auf und in der Sonne oder die Kommunikationsmöglichkeiten im Weltall informiert.

College Park Aviation Museum

INFO

Lage und Anfahrt: Der College Park Airport liegt rund 15 Kilometer nordöstlich von Washington, DC und ist mit dem Auto in gut einer halben Stunde über die US-1 North bis zur Queensbury Road und weiter über Lafayette und River Road zu erreichen. Über die Good Luck Road geht es etwas mehr als zehn Kilometer nach Westen zum Goddard Space Flight Center. Das Besucherzentrum liegt linker Hand an der ICESat Road kurz vor der Sicherheitskontrolle.

Aktivitäten:

- Das College Park Aviation Museum ist dienstags bis sonntags von 10 bis 16 Uhr geöffnet, Eintritt für 5 USD; 1985 Corporal Frank Scott Drive, College Park, MD 20740, *mncppc.org/1593/College-Park-Aviation-Museum*
- Das Besucherzentrum des Goddard Space Flight Centers befindet sich in 9432 Greenbelt Road, Greenbelt, MD 20771, *nasa.gov/goddard*
- Ein für Amerika eher ungewöhnliches, aber doch sehr lohnenswertes Fotomotiv ist etwa einen guten Kilometer südlich des Goddard Space Center der majestätische, schneeweiße Sri Siva Vishnu Temple; 6905 Cipriano Road, Lanham, MD 20706, *ssvt.org*
- Kunst aus Schrott und anderem Müll präsentiert auf dem Rückweg nach Washington, DC das Vanadu Art House von Clarke Bedford; 3808 Nicholson Street, Hyattsville, MD 20782.

Website: *collegeparkairport.aero*

Western Maryland

Loys Station Covered Bridge: eine der noch verbliebenen überdachten Brücken

WESTERN MARYLAND

22. Chesapeake and Ohio Canal
23. Frederick: Wo schon die Obamas flanierten
24. Rund um Frederick: Kraft tanken in der Natur und bei heiligen Stätten
25. Hagerstown: Deutscher Einfluss und kunstvoller Genuss
26. Cumberland: Historische Eisenbahnfahrten durch die Berge
27. Deep Creek Lake: Ausflug zum größten See in Maryland

White Twp
Altoona
Lewistown
Huntingdon
322
22
22
Hollidaysburg
220
Johnstown
Richland Twp
522
219
PENNSYLVANIA
Hampden Twp
Carlisle
Boiling Springs
76
Somerset
70
Greene Twp
Chambersburg
30
15
Waynesboro
Hanover
26
25
24
Ellerslie
40
Maugansville
Cascade
27
Frostburg
68
Cumberland
Great Cacapon
Hagerstown
70
Libertytown
Swanton
Keyser
Martinsburg
23
Frederick
Oakland
Jefferson
MARYLAND
Romney
Ranson
Buckeystown
Damascus
50
Clarksburg
WEST VIRGINIA
Winchester
Germantown
Gaithersburg
81
22
Moorefield
Leesburg
Beltsville
Petersburg
Strasburg
Reston
Front Royal
Chantilly
Arlington
Woodstock
66
Centreville
Annandale
Burke
Manassas
Nokesville
Brandywin
Luray
Warrenton
Woodbridge
Bryans Road
Franklin
Broadway
Midland
VIRGINIA
Culpeper
Harrisonburg
Elkton
29
301
Bridgewater
Fredericksburg
Mt Sidney
Orange
King George
Churchville
Spotsylvania
Staunton
Gordonsville
Fishersville
Waynesboro
Charlottesville
Louisa
64
Stuarts Draft
Tappahannock

22. Chesapeake and Ohio Canal: Outdoor-Abenteuer am und auf dem Wasser

Was einst für wirtschaftliches Wachstum und Handel stand, ist heute ein perfektes Ziel für Natur- und Outdoor-Liebhaber: Der Chesapeake and Ohio Canal (auch C&O Canal genannt) zieht sich quer durch den Westen Marylands und ist bei Einheimischen wie Reisenden äußerst beliebt.

Der Kanal verläuft zwischen der Hauptstadt Washington, DC und Cumberland im Bundesstaat Maryland über eine Distanz von rund 300 Kilometern mit einem Höhenunterschied von 185 Metern parallel – und nur wenige Meter entfernt – zum Potomac River. Der Bau begann 1828. Damals diente der Kanal vor allem zum Transport von Holz, Kohle und landwirtschaftlichen Waren. Ursprünglich sollte er den Ohio River mit der Chesapeake Bay verbinden. Letztendlich führt er jedoch nur bis nach Cumberland, da sich der Ausbau der Eisenbahn als profitabler und schneller erwies – somit stoppte 1850 der Weiterbau. Immerhin bis 1924 wurde der Kanal tatsächlich für die Binnenschifffahrt genutzt.

Gut ausgebaute Wege führen direkt am Kanal entlang ...

In den 1940er-Jahren war die Idee aufgekommen, den inzwischen ungenutzten Kanal in eine Straße umzuwandeln, was jedoch an Protesten der Bevölkerung scheiterte. Aus heutiger Sicht: zum Glück! Schließlich erhielt der Kanal 1971 den Status National Historical Park und ist als Chesapeake and Ohio Canal National Historical Park eine stark besuchte Attraktion.

Entlang des C&O Canal führt eine Panoramastraße, genannt C&O Canal Scenic Byway

Fast schon mystisch: mit dem Rad oder zu Fuß durch den Paw Paw Tunnel

(siehe Seite 248, Tipp 57), Besucher zu den Sehenswürdigkeiten und Outdoor-Aktivitäten. Der Roadtrip ist eine perfekte Möglichkeit, den Kanal in seinem gesamten Verlauf zu erleben. Zum Entdecken auf dem Wasser eignen sich vor Ort angebotene Schiffsfahrten. Die wohl authentischsten sind die Great Falls Canal Boat Rides: Hier wird das Boot wie in den 1870er-Jahren von Maultieren flussaufwärts gezogen, und Mitarbeiter in historischer Kleidung beschreiben das Leben der Menschen, die einst auf dem Kanal lebten und arbeiteten.

Auf dem Treidelpfad, der direkt am Kanal entlangführt, bieten sich Wanderungen und Radtouren an. Bei Weverton kreuzt der bekannte Appalachian Trail den Verlauf des C&O Kanals – auch hier lassen sich verschiedene Wandertouren hervorragend kombinieren. Höhepunkte entlang der Wasserstraße sind die 74 Schleusen, elf

... und durch die umliegenden Wälder.

Tipp für eine Unterkunft der besonderen Art: einmal im Schleusenhäuschen nächtigen

steinernen Aquädukte sowie der 950 Meter lange, mit 5,8 Millionen Ziegelsteinen befestigte Paw Paw Tunnel, dessen Bau einen Umweg von acht Kilometern vermied. Der Paw Paw Tunnel kann von Fußgängern und Radfahrern genutzt werden.

Für das richtig authentische Kanalleben sorgen die noch erhalten gebliebenen Schleusenhäuschen. Einige der sogenannten Lockhouses entlang des Flussverlaufs lassen sich als Übernachtungsmöglichkeit buchen und ermöglichen mit ihrem rustikalen Flair eine Zeitreise zurück ins 19. Jahrhundert. Wer sich für die Geschichte des Kanals interessiert, findet dazu Museen in Cumberland, Sharpsburg und Brunswick. Sharpsburg im Nordwesten Marylands fasziniert historisch interessierte Besucher zudem mit dem Antietam National Battlefield, das an die wohl schlimmste Schlacht im Bürgerkrieg im Jahr 1862 erinnert. Innerhalb von nur zwölf Stunden wurden 23.000 Soldaten getötet oder verwundet oder galten später als vermisst.

Geschichtlicher Besuch auf einer der Bürgerkriegsstätten

INFO

Lage und Anfahrt: Der Kanal verläuft auf 300 Kilometern zwischen der Hauptstadt Washington, DC und Cumberland, Maryland. Besucher der Hauptstadt können in Georgetown (siehe Seite 52, Tipp 8) südlich der M Street am Kanal flanieren. Eines von sechs Besucherzentren, das Great Falls Tavern Visitor Center, liegt stromaufwärts etwa 25 Autominuten nördlich der National Mall, direkt neben den etwa 23 Meter hohen Wasserfällen des Potomac River. Teile des Chesapeake and Ohio Canal lassen sich auch von Frederick (siehe Seite 114, Tipp 23) und Hagerstown (siehe Seite 122, Tipp 25) entdecken.

Aktivitäten:

- Schiffsfahrten werden sowohl in Williamsport als auch in Great Falls angeboten; *nps.gov/choh/planyourvisit/publicboatrides.htm*
- Bootsvermietung: In Washington, DC verleiht Boating in DC an zwei Standorten Kajaks; *boatingindc.com*
- Visitor Center sind in Brunswick, Cumberland, Hancock, Williamsport und an den Great Falls of the Potomac sowie im Washingtoner Bezirk Georgetown zu finden; *nps.gov/choh/planyourvisit/directions.htm*
- Antietam National Battlefield erinnert unter anderem mit dem Pry House Field Hospital Museum an die erste Invasion der Konföderierten im nördlichen Virginia; 5831 Dunker Church Road, Sharpsburg, MD 21782, *nps.gov/anti*

Unterkunft:

- In mehreren historischen Schleusenhäuschen (Lockhouses) können Reisende heute übernachten; *canaltrust.org/programs/canal-quarters/canal-quarters-lockhouses-overview*

Websites:

- *nps.gov/choh*
- *canaltrust.org*

23. FREDERICK: WO SCHON DIE OBAMAS FLANIERTEN

Bei Tagesgästen wie auch Urlaubern für ein langes Wochenende gleichermaßen beliebt ist die charmante Kleinstadt Frederick nordwestlich von Washington, DC. Rund um den schmalen Carroll Creek als Lebensader des Ortes finden sie Erholung und Lifestyle.

Natur trifft auf städtisches Treiben rund um den Carroll Creek

Zahlreiche Geschäfte und Cafés gruppieren sich in der Innenstadt rund um den Carroll Creek und die angrenzenden Straßen. Überdies ist Frederick für seine vielen Antikläden sowie Künstlerateliers bekannt. Die historischen Gebäude aus dem 18. und 19. Jahrhundert wurden liebevoll restauriert, bekannte Ketten sind hier nicht zu finden. Es dominieren ortsansässige Betriebe wie die Brennerei McClintock Distilling: Sie ist spezialisiert auf Spirituosen aus biologisch angebauten Zutaten. Insgesamt liegen in der mittlerweile als National Historic District geschützten Innenstadt mehr als 200 Geschäfte und Restaurants – in fußläufiger Entfernung zwischen Market, Patrick und East Street.

Hochprozentiges von der lokalen Destillerie

Vor Schlendern und Shoppen lohnt ein Abstecher in die amerikanische Geschichte: Das National Museum of Civil War Medicine informiert ausführlich über die medizinische Versorgung verwundeter Soldaten im Amerikanischen Bürgerkrieg. Behandlung und Pflege werden ausführlich dargestellt. Aus dieser Zeit stammt auch die Legende um das Fritchie House: Angeblich soll die 95-jährige Barbara Fritchie mutig die US-Flagge geschwenkt haben, als Soldaten aus dem Süden in Frederick einmarschierten. Das Fritchie House ist indes nur eine originalgetreue Replik und bietet mittlerweile Übernachtungen an. Ein sehenswertes Stück herrschaftlicher Kolonialgeschichte stellt das Rose Hill Manor dar. Das Herrenhaus aus dem ausgehenden 18. Jahrhundert entführt in frühe Zeiten. An die deutschen Wurzeln der Stadt – Frederick wurde 1745 von Siedlern aus dem heu-

Bewegende und außergewöhnliche Einblicke: National Museum of Civil War Medicine

Hier wird noch selbst gebraut: Brewer's Alley in der Innenstadt von Frederick

tigen Rheinland-Pfalz gegründet – erinnert wiederum das Schifferstadt House. In einem der ältesten Gebäude der Region, einst 1758 als Bauernhaus mit dicken Steinmauern errichtet, findet sich eine Schau zur Besiedlung vor fast 300 Jahren.

In der schmucken Innenstadt lässt es sich nach dem Sightseeing gut bummeln und einkaufen. Auch der frühere Präsident Barack Obama und seine Frau Michelle wurden hier schon gesehen. Schließlich liegt Camp David als offizieller Landsitz der US-Präsidenten nicht weit entfernt. Aber nicht nur im Sommer ist Frederick das ideale Ziel für ein romantisches Wochenende. In der Weihnachtszeit leuchtet die Stadt besonders festlich: Die Straßen sind mit funkelnden Lichtern gesäumt, Schaufenster sind dekoriert, und an jeder Ecke gibt es Weihnachtslieder. Gerade aus der Hauptstadt zieht es dann viele Besucher an.

Fast nur lokale Geschäfte

Der vielleicht bedeutendste Einwohner der Stadt war Francis Scott Key. Er ist

Autor der amerikanischen Nationalhymne „The Star Spangled Banner“ (siehe Seite 138, Tipp 29). Sein Grab und sein Denkmal befinden sich in der Innenstadt auf dem Mount Olivet Cemetery.

INFO

Lage und Anfahrt: Frederick liegt etwa 70 Kilometer nordwestlich der Hauptstadt. Wer keinen Mietwagen hat, kann werktags die zweitgrößte Stadt in Maryland bequem per Zug ab Washington, DC erreichen (Union Station, MARC Commuter Rail Train); am Wochenende nimmt man die Metro bis Shady Grove (Red Line) und dann weiter per Mitfahrdienst.

Aktivitäten:

- McClintock Distilling: Touren und Verkostungen; 35 S Carroll Street, Frederick, MD 21701, *mcclintockdistilling.com*
- National Museum of Civil War Medicine: Donnerstag bis Sonntag von 10 bis 17 Uhr geöffnet (Sonntag erst ab 11 Uhr), Eintritt 9,50 USD; 48 E Patrick Street, Frederick, MD 21701, *civilwarmed.org*
- Rose Hill Manor: geöffnet zwischen April und November jeweils Donnerstag bis Sonntag 11 bis 16 Uhr (Oktober bis November nur an Wochenenden); 1611 N Market Street, Frederick, MD 21701, *recreater.com/404/Rose-Hill-Manor-Park-Museums*
- Schifferstadt House: 1110 Rosemont Avenue, Frederick, MD 21701, *fredericklandmarks.org/schifferstadt*

Restaurants:

- Firestone's Culinary Tavern: für Fisch und Meeresfrüchte bekannt; 105 N Market Street, Frederick, MD 21701, *firestonesrestaurant.com*
- North Market Pop Shop: über 400 Sodasorten von Bacon bis Pumpkin Pie; 241 N Market Street, Frederick, MD 21701, *northmarketpopshop.com*

Unterkunft:

- Fritchie House: 154 West Patrick Street, Frederick, MD 21701, *barbarafritchie.org*

Website: *visitfrederick.org*

24. Rund um Frederick: Kraft tanken in der Natur und bei heiligen Stätten

Genug Stadtluft geschnuppert, jetzt ist es Zeit für die nahezu unberührte Natur in den umliegenden Parks, die zum Wandern, Radfahren oder einfach nur Ausruhen einladen. Besonders beliebt: der wildreiche Cunningham Falls State Park etwa 20 Minuten nördlich von Frederick in den Catoctin Mountains.

Rauschendes Wasserspiel

In der William Houck Area des Cunningham Falls State Park lockt ein großer See, wo Besucher je nach Jahreszeit Boot fahren, baden oder zelten können. Das absolute Highlight ist jedoch der kurze Spaziergang zu den namensgebenden, über 20 Meter hohen Wasserfällen, den Cunningham Falls.

Kürbisse frisch geerntet

Noch ein bisschen weiter nördlich liegt Catoctin Mountain Orchard, eine über 40 Hektar große Plantage. Je nach Saison gedeihen hier frische Äpfel, Pfirsiche, Kürbisse, Kirschen, Blaubeeren und vieles mehr. Besucher dürfen sogar selbst Hand anlegen und einige Früchte pflücken. Ansonsten gibt es die frischen Produkte und ganz viele leckere Köstlichkeiten, die daraus entstehen, in der großen Markthalle. Ein besonderer Tipp sind die vorbereiteten Pies, die man zu Hause nur noch in den Ofen schieben muss, um sie fertigzubacken. Spätestens, wenn der warme Duft durch die Küche zieht, wird jeder schwach! Nicht nur für die Pies ist das Familienunternehmen seit Jahrzehnten bekannt: Die Geschichte der Plantage geht auf das Jahr 1948 zurück und sie ist seitdem im Besitz der Familie Black.

Die „Covered Bridges“ sind schon fast ein Wahrzeichen der Region.

Ganz in der Nähe der Obstplantage begeistert ein Foto-Hotspot, die Roddy Road Covered Bridge. Drei dieser besonderen überdachten Brücken gibt es in Frederick County, insgesamt sechs befinden sich im gesamten Bundesstaat Maryland. Die aus Holz gefertigten Brücken wurden als Schutz vor der Witterung überdacht – heute sind sie ein Teil der Kultur und gehören zu den National Register of Historic Places des National Park Service.

Imposanter Wegweiser

Weiter auf der US-15 gen Norden begeben sich Besucher auf eine spirituelle Reise. Die National Shrine Grotto of Our Lady of Lourdes (1875) ist die älteste amerikanische Nachbildung der Grotte von Lourdes, Frankreich. Eine Nebenstraße führt immer weiter den St. Mary's Mountain hinauf durch üppige Wälder.

Statue von Elizabeth Ann Seton

Das Ziel: ein fast 30 Meter hoher Turm, auf dem sich eine mit Blattgold überzogene Bronzestatue der Mutter Gottes befindet. Von dort geht es am Visitor Center zu Fuß vorbei zur National Shrine Grotto mit der darunter liegenden Corpus Christi Chapel, die 1905 gebaut wurde. Auf dem Rückweg zum Parkplatz lohnt es sich, am Wasserbecken vorbeizugehen und die eigene Trinkflasche aufzufüllen. Wer Glück hat, kann sich das Wasser von Geistlichen segnen lassen. Die Schönheit und spirituelle Kraft des Ortes erfuhr bereits 1809 Elizabeth Ann Seton, Gründerin des ersten weiblichen religiösen

Corpus Christi Chapel

Ordens in den USA, der Sisters of Charity. Auf ihre Spuren können sich Besucher im nahe gelegenen National Shrine of St. Elizabeth Ann Seton begeben. Die inspirierende Geschichte der ersten heiliggesprochenen Amerikanerin lässt sich am besten auf einer geführten Tour entdecken, bei der es einen detaillierten Einblick in ihr Leben im frühen 19. Jahrhundert gibt.

INFO

Lage und Anfahrt: Von Frederick der US-15 in Richtung Norden folgen und dann auf die MD-77 West zur William Houck Area an der Catoctin Hollow Road. Wer die US-15 weiterfährt, kommt zur Plantage und den National Shrines.

Aktivitäten:

- Cunningham Falls State Park: Zugang ab 8 Uhr (April bis Oktober) bzw. 10 Uhr (November bis März) bis Sonnenuntergang; 14039 Catoctin Hollow Road, Thurmont, MD 21788, *dnr.maryland.gov/publiclands/Pages/western/cunningham.aspx*
- Catoctin Mountain Orchard: von Mai bis Januar täglich geöffnet von 9 bis 17 Uhr (Februar bis April geschlossen); 15036 North Franklinville Road, Thurmont, MD 21788, *catoctinmountainorchard.com*
- National Shrine Grotto of Our Lady of Lourdes: täglich von 8:30 bis 17 Uhr, Messen finden Montag bis Freitag um 11 Uhr, samstags und sonntags um 12 Uhr statt; 16330 Grotto Road, Emmitsburg, MD 21727, *nsgrotto.org*
- National Shrine of St. Elizabeth Ann Seton: Das Besucherzentrum inkl. Museum, Ausstellung und Theater sowie die Basilika sind montags bis samstags von 10 bis 17 Uhr, sonntags von 12 bis 17 Uhr geöffnet. Montag bis Freitag um 13:30 Uhr sowie am Sonntag um 11:30/13:30 Uhr finden Messen statt, geführte Historic Homes sowie Living History Touren werden angeboten (abhängig von der Jahreszeit); 339 South Seton Avenue, Emmitsburg, MD 21727, *setonshrine.org*

Website: *visitfrederick.org*

25. Hagerstown: Deutscher Einfluss und kunstvoller Genuss

Der gebürtige Deutsche Jonathan Hager ist 1736 als Einwanderer am Hafen von Philadelphia angekommen. Er erwarb drei Jahre später ein 80 Hektar großes Stück Land in Maryland, um sich dort niederzulassen und eine Siedlung, das spätere Hagerstown, zu gründen. Eigentlich hatte Jonathan Hager die Stadt nach seiner Frau benannt: Elizabethtown.

Eine echte Perle: Washington County Museum of Fine Arts

Nicht viele kennen noch den alten Namen. Bereits 1814 wurde sie in Hagerstown umbenannt und hat sich seitdem zur sechstgrößten Stadt in Maryland entwickelt. Das erste Haus von Jonathan Hager, das nach deutschem Vorbild gebaut wurde und in dem er nur fünf Jahre wohnte, kann heute noch besichtigt werden. Historisches Mobiliar und Artefakte aus der Zeit lassen Besucher in die Vergangenheit eintauchen. Gleich gegenüber vom Jonathan Hager House Museum befindet sich das Washington County Museum of Fine Arts, das als eines der besten kleinen Museen des Landes gilt und ein Geheimtipp für Kunstliebhaber ist. Die Dauerausstellung zeigt sowohl amerikanische Kunst aus dem 19. und frühen 20. Jahrhundert als auch Werke alter Meister sowie dekorative Kunst. Der wunderschöne Park mit Teich ist ebenfalls ein Highlight.

Vom Washington County Museum of Fine Arts führt der gut ein Kilometer lange Hagerstown Cultural Trail in das Kunst- und Entertainment-Viertel der Stadt, wo zahlreiche Restaurants, Bars sowie das Maryland Theatre zu finden sind. Den Kulturpfad säumen zahlreiche Kunstwerke, darunter das „Mural of Unsual Size" – ein riesiges, farbenfrohes Wandgemälde über drei aneinandergrenzende Industriegebäude – sowie höchst einfühlsame Schwarz-Weiß-Porträts von Einwohnern Hagerstowns.

Kunst entlang des Weges

INFO

Lage und Anfahrt: Die Stadt liegt nordwestlich von Frederick in Washington County nahe der Grenze zu Pennsylvania. Gut 30 Minuten mit dem Auto über die I-70 benötigen Besucher von Frederick nach Hagerstown.

Aktivitäten:

- Jonathan Hager House Museum: nur saisonal geöffnet (private Touren vorab anmelden unter +1 301 739 8577 170), Eintritt 6 USD; 110 Key Street, Hagerstown, MD 21740, *hagerstownmd.org/309/Jonathan-Hager-House-Museum*
- Washington County Museum of Fine Arts: geöffnet Dienstag bis Samstag 10 bis 17 Uhr (Samstag nur bis 16 Uhr) sowie Sonntag von 13 bis 17 Uhr, freier Eintritt; 401 Museum Drive, Hagerstown, MD 21740, *wcmfa.org*
- Hagerstown Premium Outlets: mehr als 50 Geschäfte, täglich von 11 bis 19 Uhr, am Samstag bereits ab 10 Uhr geöffnet; 495 Premium Outlet Boulevard, Hagerstown, MD 21740, *premiumoutlets.com/outlet/hagerstown*

Website: *visithagerstown.com*

26. CUMBERLAND: HISTORISCHE EISENBAHN-FAHRTEN DURCH DIE BERGE

Was sich heute als beschaulicher Ort vor der Kulisse der Allegheny Mountains und als lohnenswertes Ausflugsziel von Hagerstown präsentiert, war in früheren Jahren ein wichtiges Transportzentrum und Bergarbeiterstadt. Anfang des 19. Jahrhunderts konkurrierte Cumberland sogar mit Baltimore und erhielt dafür den Spitznamen „Queen City".

Bereits 1811 wurde mit dem Bau der Straße begonnen, die später einmal National Road heißen sollte. Von Cumberland aus verlief sie westlich, um zunächst eine Verbindung zwischen dem Potomac und dem Ohio River herzustellen. Später folgte der Ausbau bis nach Illinois und damit der Anschluss an den Mississippi. Zugleich war Cumberland der Endpunkt des Chesapeake & Ohio Canal (Seite 110, Tipp 22), und auch die Eisenbahn erreichte früh die Stadt. Letztere bietet bis heute eine der schönsten Optionen zum Kennenlernen der Region. Die Fahrten der Western Maryland Scenic Railroad führen von Cumberlands historischem Bahnsteig regelmäßig die 25 Kilometer bis nach Frostburg, Maryland. Dabei erleben die Passagiere die herrliche Bergkulisse der Region und passieren spektakuläre Stellen wie den Brush Tunnel und Helmstetter's Horseshoe Curve.

Cumberland

Noch mehr Eisenbahn-Faszination bietet die Maryland West Virginia Model Railroad Association auf den Allegany County Fairgrounds. Diese stellt zwei große Modelleisenbahnlandschaften in den Größen HO und G aus.

Western Maryland Scenic Railroad

Wer die Allegheny Mountains nicht mit dem Zug, sondern aktiver entdecken möchte, findet in Cumberland viele Angebote für Outdoor-Aktivitäten. Die Auswahl reicht von Radfahren, Wandern und Golf bis zum Angeln, Camping sowie dem Verleih von Kajaks und Booten.

INFO

Lage und Anfahrt: Cumberland liegt im Nordwesten von Maryland. Von Hagerstown aus sollten für die 110 Kilometer lange Autofahrt über die I-70 etwa 75 Minuten eingeplant werden.

Aktivitäten:

- Die Fahrten der Western Maryland Scenic Railroad nach Frostburg und wieder zurück dauern rund 4,5 Stunden (inkl. 90 Minuten Aufenthalt in Frostburg). Sie finden an den Wochenenden, im Sommer auch donnerstags und freitags statt, pro Person ab 40 USD, ebenfalls offeriert werden verschiedene Sonderfahrten; 13 Canal Street, Cumberland, MD 21502, *wmsr.com*
- Die Modelle der Maryland West Virginia Model Railroad Association sind zumeist mittwochs von 18 bis 21 Uhr sowie sonntags von 13 bis 17 Uhr zu besichtigen. Vor einem Besuch sollte man sich aber auf der Facebookseite der Association oder per E-Mail über die aktuellen Öffnungszeiten informieren; 11490 Moss Avenue, Cumberland, MD 21502, *wm7436@hotmail.com*
- In Frostburg präsentiert die Thrasher Carriage Collection eine umfangreiche Sammlung von Pferdekutschen aus dem 19. und frühen 20. Jahrhundert, geöffnet von Mai bis Mitte Dezember an Wochenenden jeweils von 12:30 bis 14:30 Uhr; 19 Depot Street, Frostburg, MD 21532, *alleganymuseum.org/thrasher-carriage-collection*
- Zu Theaterabenden in stilvollem Art-déco-Ambiente lädt das Embassy Theatre. Geboten werden Komödien und Musicals, Veranstaltungstage und Preise variieren; 49 Baltimore Street, Cumberland, MD 21502 1901, *embassytheatrecorp.org*

Websites:

- *ci.cumberland.md.us*
- *mdmountainside.com*

27. DEEP CREEK LAKE: AUSFLUG ZUM GRÖSSTEN SEE IN MARYLAND

Ob Kajaktouren, Wanderungen oder Skifahren: Der Deep Creek Lake am gleichnamigen State Park bietet sich das ganze Jahr über für einen Ausflug an. Doch im Herbst erstrahlen Marylands größtes Binnengewässer und die umliegenden Wälder – mittendrin das einzigartige Spruce Forest Artisan Village – in besonderem Glanz.

Wunderschöne Aussichten vom Ufer ...

Wer am Deep Creek Lake verweilt, kann unter zahlreichen Aktivitäten wählen. Da überrascht es nicht, dass der See dank seiner lieblichen Landschaft und des vielfältigen Freizeitangebots als das Nummer-Eins-Ferienziel im westlichen Maryland gilt. Besonders beliebt sind Wanderungen am See. So finden sich allein im State Park am östlichen Seeufer neun ausgewiesene Wanderwege unterschiedlicher Länge mit insgesamt rund 30 Kilometern. Zusätzlich locken, einige Autominuten vom See entfernt, die Wanderstrecken im Herrington Manor State Park und im Garrett State Forest sowie zum rund 17 Meter hohen Wasserfall Muddy Creek Falls im Swallow Falls State Park mit zum Teil 300 Jahren alten Bäumen.

Aktiver lässt sich der Deep Creek Lake auf dem Wasser erleben – beispielsweise in einem geliehenen Kajak oder, ganz im Trend, beim Stand-up-Paddling. Alternativ lassen sich motorisierte Boote (kein Bootsführerschein nötig) oder Jetskis mieten. Auch geführte Rundfahrten auf dem See, der künstlich aufgestaut wurde, werden angeboten, ebenso Raftingtouren auf den nahe gelegenen Flüssen. Ebenfalls beliebt: Fliegenfischen sowie Touren mit dem Mountainbike. Abenteuerlich wird es beim Ziplining.

... und vom Wasser aus

Im Winter punkten See und Region mit winterlicher Atmosphäre und Abenteuern im Schnee. Seit 1955 der erste Lift in Betrieb ging, hat sich rund um das ganzjährig geöffnete Wisp Resort ein umfangreiches Wintersportangebot etabliert. Vom Skifahren über Schneeschuhwanderungen bis zu Fahrten auf dem Schneemobil wird viel offeriert.

Pistenspaß im Winter

Ganzjährig sollten Besucher einen Ausflug ins Spruce Forest Artisan Village nicht verpassen. In der historischen Ansiedlung lässt sich entdecken, wie die Siedler vor 200 Jahren wohnten. Mehrere Kunsthandwerker sowie Gastkünstler zeigen ihr Können und machen das Anwesen quasi zu einem „lebendigen“ Museum. Ursprünglich wurde die Siedlung unter dem Namen Little Crossings als typisches Inn an der National Road bekannt. Heute ist in den Räumlich-

Von Tür zu Tür gehen ...

keiten das Restaurant Penn Alps zu finden, ebenso wie sorgfältig restaurierte Cabins zum Übernachten.

Die angrenzende Stantons' Mill wurde 1797 errichtet und war noch bis in die 1990er-Jahre hinein in Betrieb. Mittlerweile ist die Mühle restauriert und wird wieder bewirtschaftet. Angesichts seiner feinen Holzschnitzarbeiten besonders eindrucksvoll ist das Miller House Peace Center. Es gilt als eines der besten Beispiele für die frühe Handwerkskunst in der Region. Die geschnitzten Leisten und Tischlerarbeiten sind beispielhaft für die Blockhäuser aus der Zeit Mitte des 19. Jahrhunderts. Ursprünglich 1835 in Pennsylvania von einem Geistlichen der Amish People errichtet, wurde es 1986 hier-

... und Handwerkskunst bestaunen.

her umgezogen. Es dient heute als Begegnungsstätte sowie Museum und erzählt Geschichten aus längst vergangenen Zeiten, als Bevölkerungsgruppen wie die Amischen und die indigene Bevölkerung hier lebten.

INFO

Lage und Anfahrt: Der rund 15 Quadratkilometer große Deep Creek Lake liegt im nordwestlichen Maryland, nahe zur Grenze zu West Virginia und Pennsylvania. Von Cumberland folgen Reisende zunächst der I-68 sowie ab der Ausfahrt 22 dann der Chestnut Ridge Road und weiter in Richtung Süden der New Germany Road (eine knappe Stunde Fahrzeit).

Aktivitäten:

- Deep Creek Lake State Park: Wanderwege, Strände und Campingmöglichkeiten für Outdoor-Begeisterte; 898 State Park Road, Swanton, MD 21561, *dnr.maryland.gov/publiclands/Pages/western/deepcreek.aspx*
- Wassersport: Motorisierte Boote (ab 129 USD pro Stunde) und Kajaks (ab 25 USD pro Stunde) verleihen beispielsweise Bills Marine Service (*billsmarineservice.com*) und Fun Time Watersports (*funtimewatersports.com*), welches auch Rundfahrten (26 USD pro Person) anbietet.
- Spruce Forest Artisan Village: etwa 30 Autominuten vom See entfernt und ganzjährig geöffnet, Dienstag bis Donnerstag 11 bis 16 Uhr, Freitag und Samstag 10 bis 17 Uhr, manche Künstler sind auch sonntags vor Ort; 177 Casselman Road, Grantsville, MD 21536, *spruceforest.org*

Unterkunft:

- Wisp Resort: Die Lodge mit 169 Zimmern gilt als eine der besten Unterkünfte am Deep Creek Lake und als Wintersportzentrum; 296 Marsh Hill Road, McHenry, MD 21541, *wispresort.com*

Websites:

- *visitdeepcreek.com*
- *deepcreeklake.com*

SPECIAL: WEIN, CRAFTBIER UND KLEINE BRENNEREIEN – SPRITZIGES IM GLAS

Es war der spätere Präsident höchstpersönlich, der die Reben in die USA brachte: Vor rund 250 Jahren ließ Thomas Jefferson erstmals Wein anbauen. Charlottesville in Virginia (siehe Seite 202, Tipp 47) gilt daher als Geburtsort der US-amerikanischen Weinkultur. Heute ist der Bundesstaat mit mehr als 300 Produzenten das fünftgrößte Anbaugebiet der USA.

Verkostung bei Black Ankle Vineyards in Maryland

Viele Winzer bieten in ihren Cellar Doors Verköstigungen und Führungen an. Zuweilen sind Restaurants oder Gästehäuser angeschlossen. Gerade im Umfeld der Blue Ridge Mountains haben sich besonders viele Weingüter angesiedelt. Auch in Maryland können Reisende bei einer Tour hervorragende Weine probieren, obwohl die Region zumindest mengenmäßig im Schatten des Nachbarstaats steht. Und selbst in der Hauptstadt sind sie mittlerweile zu finden: Die District Winery gilt als erstes Weingut in DC und liegt direkt am Anacostia River (siehe Seite 74, Tipp 15).

Parallel etablierten sich zahlreiche lokale Brauereien in den vergangenen Jahren in den USA. Allein in DC können Reisende unter rund einem Dutzend Craft-Brauereien wählen. Wer sich nicht für eine Location entscheiden kann, nimmt an einer Tour von DC Brew Tours teil (*citybrewtours.com/dc*). Hierbei lassen sich 15 und mehr Biere sorgenfrei probieren – für den Transport zu den Brauereien und schließlich wieder

Die Bierbrauszene zeigt sich experimentierfreudig.

nach Hause wird gesorgt. In Maryland, allem voran in Baltimore, als auch in Virginia mit mehr als 200 Anbietern muss sich ebenfalls niemand um köstlichen Gerstensaft lokaler Anbieter sorgen.

Guter Stoff - Gin, Whiskey und mehr

Ohnehin scheint es, als hätte es die Prohibition zwischen 1920 und 1933 nie gegeben: In vielen Orten locken kleine Brennereien zum Probieren und Mitnehmen. In DC gilt New Columbia Distillers, spezialisiert auf Gin, als erste neue Brennerei seit 100 Jahren. In Virginia wiederum war Catoctin Creek in Loudoun County (siehe Seite 238, Tipp 55) die erste Neugründung seit Ende des Alkoholverbots. Und in Frederick, Maryland (siehe Seite 114, Tipp 23), hat McClintock Distilling zahlreiche Preise für seine Produkte erhalten – unter anderem für den besten Craft Wodka des Landes.

Malerische Landschaften rund um Charlottesville

Städtisches Treiben und Marylands Eastern Shore

Beeindruckender Meereswächter:
Thomas Point Shoal Lighthouse in Annapolis

Städtisches Treiben und Marylands Eastern Shore

28. Ellicott City: Historische Eisenbahnromantik
29. Baltimore Inner Harbor: Maritime Geschichte und skurrile Kunst
30. Baltimores Stadtviertel: Eisenbahn- und Gruselgeschichten
31. Maritimes Havre de Grace: Tagesausflug in eine Beinahe-Hauptstadt
32. Ganz in Weiß: Die U.S. Naval Academy in Annapolis
33. St. Michaels: Maritimes Städtchen, das einst die Briten hinters Licht führte
34. Kämpferin für die Freiheit: Harriet Tubman in Cambridge
35. Blackwater National Wildlife Refuge: Flyway für Zugvögel

Westminster
27
83
146
Lutherville
Timonium
Havre De
Grace
31
40
Aberdeen
Aberdeen
Proving Ground
95
Edgewood
Perry Hall
Middle
River
32
Randallstown
Pikesville
30
29
Baltimore
Dundalk
Worton
70
28
Ellicott
City
Columbia
695
695
97
Fulton
Chesapeake Bay
95
100
Spencerville
32
295
Severna
Park
29
97
Odenton
Beltsville
32
Glenn
Dale
Silver
Spring
495
Bowie
50
Riva
Annapolis
301
MARYLAND
Shady
Side
Temple
Hills
495
33
Easton
Deale
Tilghman
Owings
50
Brandywine
Patuxent
River
Bryans
Road
301
4
Waldorf
34
Cambridge
Hughesville
Benedict
35
5
St Leonard
Broomes
Island

28. Ellicott City: Historische Eisenbahn-romantik

Die Anfänge von Ellicott City reichen zurück bis in die 60er-Jahre des 18. Jahrhunderts, als James Hood am Patapsco River eine Getreidemühle baute. Sein Sohn Benjamin verkaufte diese an Joseph Ellicott, einen von drei Brüdern, die sich wenige Jahre zuvor hier angesiedelt hatten und die Landwirtschaft stark vorantrieben. Auf sie geht der Stadtname zurück, seine einstige Berühmtheit verdankte Ellicott City aber der Eisenbahn.

Schrilles Fotomotiv

Die erste Bahnverbindung der USA führte über 21 Kilometer von Baltimore in das heute mit seinen rund 65.000 Einwohnern eher beschauliche Städtchen. Mit dem Tom Thumb fuhr auch die erste in den USA gefertigte Dampflok auf dieser Strecke. Der Startschuss fiel im Mai 1830 – fünf Jahre, bevor in Deutschland das erste Mal eine Lok zwischen Nürnberg und Fürth verkehrte.

Gut 200 Jahre später ist das Auto das Mittel der Wahl, um nach Ellicott City zu gelangen. Das Thema Eisenbahn sollte dennoch bei einem Besuch nicht fehlen. Schon die rote Eisenbahnbrücke über der Main Street nahe des Patapsco River ist hier das populärste Fotomotiv, obwohl die zahlreichen alten, zumeist herrlich restaurierten Holzhäuser in Old Town mindestens ebenso viel Aufmerksamkeit verdienen. Direkt bei der Brücke befindet sich das historische Bahnhofsgelände, der älteste noch erhaltene im ganzen Land. Heute ein Museum, beherbergt es die alte Wagenhalle, die Drehscheibe für Lokomotiven von 1863 und ein Modell

Eisenbahngeschichte an jeder Ecke ...

der historischen Bahnstrecke von 1830 in der Spurweite H0.

Darüber hinaus steht Ellicott City im Ruf, von vielen Geistererscheinungen heimgesucht zu werden. Inwieweit das zu belegen ist, mag offen sein. Der Ursprung dafür könnte jedoch darin liegen, dass die Schienen der ersten Eisenbahnlinie just über die Gräber der Familie Hood verlegt worden waren.

... und entlang des Schienennetzes

INFO

Lage und Anfahrt: Die Fahrt von Hagerstown nach Ellicott City über die Interstate 70 und die US-29 Richtung Süden dauert eine gute Stunde.

Aktivitäten:

- Der Bahnhof Ellicott City Station gehört zum Baltimore & Ohio Railroad Museum (siehe Seite 142, Tipp 30): mittwochs bis sonntags geöffnet, freier Eintritt; 3711 Maryland Avenue, Ellicott City, MD 21043, *howardcountymd.gov/recreation-parks/baltimore-ohio-ellicott-city-station-museum*
- Bis in die 1950er-Jahre fuhren elektrisch betriebene Bahnen Ellicott City an. Der Trolley Line Number 9 Trail lädt zum Spazieren und Wandern entlang des damaligen Schienenverlaufs ein. Startpunkt ist westlich des Patapsco River bei 6 Oella Avenue, Ellicott City, MD 21043.
- Axgard: mitten in der Altstadt die Kunst des Axtwerfens erlernen, täglich geöffnet außer montags, ab 25 USD pro Person und Stunde; 8390 Main Street, Ellicott City, MD 21043, *axgardaxes.com*
- Bunter Ausflug zu Doodle Hatch: interaktive Kunst- und Fantasiewelten, dienstags bis donnerstags ab 12 Uhr geöffnet, freitags bis sonntags ab 10 Uhr, 7 USD Eintritt; 8775 Cloudleap Court, Columbia, MD 21045, *doodlehatch.com*

Website: *visitoldellicottcity.com*

29. Baltimore Inner Harbor: Maritime Geschichte und skurrile Kunst

Gelegen an der Mündung des Patapsco River in die Chesapeake Bay zählt der Inner Harbor von Baltimore zu den größten Seehäfen der USA. Er war Ausgangspunkt der Besiedlung der Stadt, Umschlagplatz für Schmuggler während der Prohibition und ist heute kulturelles Zentrum der größten Metropole in Maryland.

Eine Entdeckungstour rund um den Inner Harbor starten Besucher am besten auf der Nordseite an den Pieranlagen. Hier gibt es Seefahrergeschichte zu bestaunen. Dazu zählen die USS Constellation (1854), das letzte reine Segelkriegsschiff der United States Navy, das Kriegsschiff der amerikanischen Küstenwache US Coast Guard Cutter 37 (1936), das U-Boot USS-Torsk (1944) sowie einer der ältesten Leuchttürme an der Chesapeake Bay, das Seven Foot Knoll Lighthouse. An Pier 4 liegt ebenfalls das National Aquarium. Groß und Klein können mehr als 20.000 Fische, Vögel, Amphibien, Reptilien und Meeressäuger in verschiedenen Lebensräumen – vom indopazifischen Riff bis hin zum tropischen Regenwald – beobachten.

Großstädtisches Treiben rund um den Inner Harbor

Gleich zwei Aussichtspunkte versprechen einen wahrlich außergewöhnlichen Rundumblick über den Hafen: die Aussichtsetage im 27. Stock des World Trade Center nahe dem National Aquarium und der erhöht liegende Federal Hill Park auf der anderen Seite des Inner Harbor. Dort erwartet Kunstinteressierte auch ein etwas anderes Museum. Das American Visionary Art Museum (AVAM) hat es sich zur Aufgabe gemacht, intuitiver, autodidaktischer Kunst – bekannt als „Outsider Art" oder „Art brut" – einen Raum zu geben. Deren Vertreter sind oft selbst gesellschaftliche Außenseiter, die sich ihre künstlerischen Fähigkeiten meist allein angeeignet haben. Auf einer Fläche von knapp zehn Fußballfeldern beheimatet das AVAM zahlreiche Bereiche für kreative Kunst, unter ihnen ein Skulpturenplatz, ein Freiluftkino, ein Wildblumen-Meditationsgarten, ein Amphitheater und die Speaker's Corner. Die museale Kreativschmiede ist eine Institution in Baltimore und sorgt übers Jahr auch mit skurrilen Events für Aufsehen – unter anderem mit dem „Kinetic Sculpture Race", bei dem bemannte, selbst gebaute, fahrbare Skulpturen zu Land und zu Wasser gegeneinander antreten.

Meeresbewohner hautnah

Schon der Außenbereich des AVAM ist ein Hingucker.

Mit dem Wassertaxi geht es vom Inner Harbor zum hippen Stadtviertel Fell's Point, das durch seine Restaurant- und Barszene, Mikro-Brauereien und kleinen Boutiquen für buntes Treiben sorgt. Ein weite-

Außergewöhnliche Exponate visionärer Kunst

rer bedeutender Anlaufpunkt mit dem Wassertaxi ist das ehemalige Militärfort Fort McHenry, das in der Schlacht von Baltimore zu einem der wichtigsten Schauplätze im Britisch-Amerikanischen Krieg (1812 bis 1815) wurde. In einer Nacht im September 1814 wurde das Fort von der Royal Navy stark bombardiert. Der Amerikaner Francis Scott Key beobachtete das Geschehen und wurde zum Gedicht „The Defense of Fort McHenry" inspiriert, welches heute den Text der amerikanischen Nationalhymne bildet. Aus diesem Grund ist das Hissen der amerikanischen Flagge ein wichtiges Ritual auf Fort McHenry, was täglich zweimal (morgens und abends) zelebriert wird. Nach ein paar kurzen Ausführungen eines Rangers können Besucher beim Flaggenwechsel helfen.

Geschichtsträchtiger Ort zum Flagge hissen: Fort McHenry

INFO

Lage und Anfahrt: Baltimore ist die größte Stadt in Maryland, direkt an der Chesapeake Bay, circa 60 Kilometer nordöstlich von Washington, DC. Von Ellicott City sind es ungefähr 25 Autominuten über die Frederick Road und dann auf die I-95.

Aktivitäten:

- Historic Ships in Baltimore: saisonale Öffnungszeiten, im Sommer z. B. Donnerstag bis Montag von 10 bis 17 Uhr, Eintritt 18 USD; 301 East Pratt Street, Baltimore, MD 21202, *historicships.org*
- National Aquarium: geöffnet Montag bis Donnerstag 10 bis 16 Uhr, Freitag 10 bis 20 Uhr, am Wochenende 9 bis 17 Uhr, Eintritt 39,95 USD; 501 East Pratt Street, Baltimore, MD 21202, *aqua.org*
- Observation Deck im World Trade Center: zugänglich Donnerstag bis Samstag 10 bis 18 Uhr (samstags bis 19 Uhr), Sonntag von 11 bis 18 Uhr, Eintritt 8 USD; 401 East Pratt Street, Baltimore, MD 21202, *viewbaltimore.org*
- American Visionary Art Museum: mittwochs bis sonntags von 10 bis 17 Uhr geöffnet, Eintritt 15,95 USD; 800 Key Highway, Baltimore, MD 21230, *avam.org*
- Fort McHenry National Monument and Historic Shrine: täglich 9 bis 17 Uhr geöffnet, Eintritt 15 USD; 2400 East Fort Avenue, Baltimore, MD 21230, *nps.gov/fomc*

Restaurants:

- Locust Point Steamers: bekannt für gedünstete Blaukrabben sowie Rooftop-Etage mit Blick über den Inner Harbor; 1100 East Fort Avenue, Baltimore, MD 21230, *locustpointsteamers.com*
- Ministry of Brewing: Craft-Brauerei in der renovierten St. Michael's Church mit Probierstube in Upper Fell's Point; 1900 East Lombard Street, Baltimore, MD 21231, *ministryofbrewing.com*

Website: *baltimore.org*

30. Baltimores Stadtviertel: Eisenbahn- und Gruselgeschichten

Auch jenseits des Inner Harbor lohnt eine Entdeckungstour. Gerade in den angrenzenden Stadtvierteln wartet Abwechslungsreiches. In South West Baltimore (Sowebo) stoßen Besucher auf den Ursprung der Eisenbahn in den USA sowie interessante Geschichten rund um Edgar Allan Poe.

Beeindruckende Sammlung amerikanischer Schienenfahrzeuge im B&O Railroad Museum

Das Baltimore & Ohio Railroad Museum ist ein besonderes Juwel: Es umfasst die älteste und umfangreichste Sammlung amerikanischer Schienenfahrzeuge. Hier wurde 1830 die erste amerikanische Eisenbahnstrecke von Baltimore nach Ellicott City in Maryland (siehe Seite 136, Tipp 28) eröffnet. Besucher können auf einem Teilstück der ersten Eisenbahnstrecke eine 20-minütige Rundfahrt mit dem Mile One Express unternehmen.

Grab von Edgar Allan Poe

Nur zehn Minuten zu Fuß entfernt befindet sich das Edgar Allan Poe House & Museum. Der berühmte Schriftsteller, der als Pionier des Symbolismus und als einer der Väter des heutigen Kriminalromans gilt, wohnte von 1833 bis 1835 in Baltimore. Sein damaliges Wohnhaus fungiert derzeit als Museum und informiert mit persönlichen Gegenständen des Autors über sein Schaffen. Mit nur 40 Jahren verstarb er unter ungeklärten Umständen in Baltimore. Sein Grab und das seiner Ehefrau Virginia auf dem

Gelände von Westminster Hall in Baltimore sind bis heute Pilgerstätten.

Lohnt sich nicht nur für Matisse-Fans: Baltimore Museum of Art

Kunstliebhaber sollten dem Norden der Stadt einen Besuch abstatten. Neben dem Baltimore Museum of Art, welches die größte Sammlung von Matisse-Werken beherbergt, gibt es eine Vielzahl an bunten Wandgemälden im Stadtviertel Station North zu bestaunen.

INFO

Aktivitäten:

- Baltimore & Ohio Railroad Museum: täglich geöffnet von 10 bis 16 Uhr, Eintritt 20 USD; 901 West Pratt Street, Baltimore, MD 21223, *borail.org*
- Edgar Allan Poe House & Museum: geöffnet Donnerstag bis Samstag von 11 bis 16 Uhr, Eintritt 10 USD, Tickets müssen vorab reserviert werden; 203 North Amity Street, Baltimore, MD 21223, *poeinbaltimore.org*
- Baltimore Museum of Art: Mittwoch bis Sonntag von 10 bis 17 Uhr geöffnet, Eintritt frei, Ticketreservierung online erforderlich; 10 Art Museum Drive, Baltimore, MD 21218, *artbma.org*

Restaurants:

- Papermoon Diner: verrückt dekoriertes Restaurant nahe dem Baltimore Museum of Art; 227 West 29th Street, Baltimore, Maryland 21211, *papermoondiner24.com*
- Pappas Seafood Co.: etwas außerhalb von Baltimore, hier gibt es laut Oprah Winfrey die leckersten Crab Cakes nach einem über 50 Jahre alten Familienrezept; 1801 Taylor Avenue, Parkville, MD 21234, *pappascrabcakes.com*

Website: *baltimore.org/guides/baltimore-neighborhood-guide*

31. Maritimes Havre de Grace: Tagesausflug in eine Beinahe-Hauptstadt

Wer von Baltimore gen Osten reist, trifft nach etwa einer Stunde Fahrt auf einen vertrauten Ortsnamen: Die französische Hafenstadt Le Havre stand quasi Pate für das charmante Havre de Grace in Maryland.

General Marquis de Lafayette, der eine bedeutende Rolle in der Amerikanischen Revolution spielte, bewunderte im Jahr 1782 auf dem Weg zu einem Treffen mit General George Washington in Philadelphia die schöne Aussicht auf den breiten Susquehanna River mit den Worten „C'est Le Havre!". Die malerische Stadt erinnerte ihn an die französische Hafenstadt Le Havre, die ursprünglich Le Havre de Grâce hieß.

Entspannung mit malerischer Aussicht

In die Geschichte eintauchen im Susquehanna Museum

Das Städtchen Havre de Grace mit seinen rund 12.000 Einwohnern liegt malerisch am nordöstlichen Ende der Chesapeake Bay, wo der Susquehanna River in die Bucht mündet. Die Anfänge der Siedlung resultieren aus dem Jahr 1608, als Captain John Smith den Fluss erkundete. Ursprünglich war die Region von den Susquehannock Native Americans bewohnt. Offiziell wurde der Ort schließlich 1782 als zweitälteste Stadt Marylands gegründet – und wäre 1789 beinahe Hauptstadt der damals noch jungen Vereinigten Staaten von Amerika geworden. Bei der entsprechenden Wahl während des sogenannten First Congress fehlte lediglich eine Stimme.

Bei einem Ausflug nach Havre de Grace stoßen Besucher auf viele maritime und historische Spuren: Ein Spaziergang startet mit einem Rundgang durch die denkmalgeschützte Innenstadt. Die rund 1000 Gebäude stammen überwiegend aus dem 18., 19. sowie 20. Jahrhundert und bilden ein einzigartiges, zusammenhängendes Ensemble. Die Häuser sind hauptsächlich aus Fachwerk oder Ziegeln errichtet. Vor allem viktorianische Bauten prägen das Stadtbild. Angesichts ihrer hohen architektonischen und gesellschaftlichen Bedeutung wurde der Havre de Grace Historic District 1987 in das National Register of Historic Places aufgenommen. Am besten folgen Besucher dem sogenannten Lafayette Trail: Der ausgeschilderte Rundweg verbindet über drei Meilen mit 37 Stopps die wichtigsten 57 Gebäude der Stadt sowie das Denkmal des Generals als Namensgeber.

Leuchtturm-Romantik an der Chesapeake Bay

Im Anschluss bietet sich ein Besuch der langen Uferpromenade an. Sie führt zu weiteren Attraktionen, die vor allem das maritime Flair der Stadt bestimmen. Dazu zählt in erster Linie das Maritime Museum: Es stellt die Geschichte der Seefahrt der letzten 10.000 Jahre von den indigenen Bewohnern Amerikas über die Ankunft der europäischen Siedler bis heute dar. Eine große Sammlung geschnitzter Lockvögel zeigt das Decoy Museum – typische Kunst der Chesapeake Bay. Weiterer Höhepunkt: Concord Point

Lighthouse. Der älteste Leuchtturm in Maryland wurde 1827 errichtet und kann heute besichtigt werden. Zumindest einen Fotostopp sollte sich niemand entgehen lassen. Und wer es aktiv mag, kann gleich noch einen Segelkurs belegen. Authentischer lässt sich die große Bucht nicht erkunden. Mehrere Jachthäfen bieten dafür das passende Ambiente.

INFO

Lage und Anfahrt: Havre de Grace liegt am nordöstlichen Ende der Chesapeake Bay, etwa eine Autostunde östlich von Baltimore. Wer von dort anreist, nimmt die I-95.

Attraktionen:

- Lafayette Trail: Rundweg durch die historische Innenstadt; *historichavredegrace.com/the-lafayette-trail*
- Maritime Museum: täglich außer Montag und Dienstag zwischen 10 und 17 Uhr geöffnet (sonntags ab 13 Uhr), Eintritt 4 USD; 100 Lafayette Street, Havre de Grace, MD 21078, *hdgmaritimemuseum.org*
- Decoy Museum: geöffnet Montag bis Samstag 10:30 bis 16:30 Uhr sowie sonntags von 12 bis 16 Uhr; Eintritt 6 USD; 215 Giles Street, Havre de Grace, MD 21078, *decoymuseum.com*
- Concord Point Lighthouse: Das Museum kann von Mai bis Oktober an den Wochenenden kostenlos besucht werden (Samstag 10 bis 14 Uhr, Sonntag 13 bis 17 Uhr). Auf Anfrage sind geführte, kostenpflichtige Touren möglich, inkl. Aufstieg über 42 Stufen zur Spitze; 714 Concord Street, Havre De Grace, MD 21078, *assistantdir@concordpointlighthouse.org*, *concordpointlighthouse.org*
- Bulle Rock Golf Course: 18-Loch-Golfplatz in idyllischer Lage, entworfen vom wohl bekanntesten amerikanischen Golfplatzdesigner Pete Dye, Tagesfee ab 65 USD; 320 Blenheim Lane #2003, Havre De Grace, MD 21078, *bullerockgc.com*

Website: *explorehavredegrace.com*

32. Ganz in Weiss: Die U.S. Naval Academy in Annapolis

Hauptstadt Marylands oder Segelhauptstadt der USA: Es gibt so einige „Kapitale"-Bezeichnungen für die charmante City an der Chesapeake Bay. Nach dem Ende des Amerikanischen Unabhängigkeitskrieges 1783 war Annapolis sogar für neun Monate die Hauptstadt der Vereinigten Staaten. Heute wird ihr Charakter vom maritimen Treiben am City Dock und durch die U.S. Naval Academy geprägt.

Männer und Frauen in schneeweißer Uniform – für viele der Hauptgrund einen Blick in die berühmte U.S. Naval Academy zu werfen. Und das ist auch gar nicht so schwierig. Denn hier kann sich jeder mit gültigem Reisepass am Empfang anmelden und sich entweder einer Führung anschließen oder allein auf Entdeckungstour begeben. Neben den Uniformierten gibt es eine Menge architektonischer Highlights, darunter die Bancroft Hall, das zweitgrößte und wahrscheinlich interessanteste Studentenwohnheim der Welt, mit Memorial Hall, wo detailreiche Bilder an den Wänden einiges über die Kriegsgeschichte erzählen. Einen Abstecher in das U.S. Naval Academy Museum lohnt sich ebenfalls. Es beher-

Blick auf die Hauptstadt Marylands

Angetreten! Beim Appell in der U.S. Naval Academy

bergt eine große Sammlung historischer Schiffsmodelle, von denen einige aus Tierknochen hergestellt wurden.

Von der Naval Academy sind es nur ein paar Gehminuten zum City Dock, wo zahlreiche Segelboote und Jachten vor Anker liegen. Hier wird einem bewusst, warum Annapolis auch als Segelhauptstadt der USA bezeichnet wird: Gefühlt finden täglich kleine und große Regatten statt. Für ein kurzweiliges Vergnügen sorgen die 40-minütigen Hafenrundfahrten mit der Harbor Queen.

Diner-Tradition im Chick and Ruth's Delly

Rund um das City Dock und entlang der Main Street warten ein paar echte Perlen auf Besucher. Auf den Speisekarten der Restaurants stehen Crab Cakes und frisches Seafood. Die kleinen Ladengeschäfte sind überwiegend lokal besetzt und bieten eine Menge Handgefertigtes, Kunst und Souvenirs. Wer sich stärken möchte, sollte unbedingt im typisch amerikanischen Diner Chick and Ruth's Delly

Ein Paradies für Segelbegeisterte

vorbeischauen. Seit nunmehr über 55 Jahren werden hier Pancakes, Omelettes, Sandwiches, Crab Cakes, Burger und vieles mehr serviert. Neben den „Colossal Challenges" auf der Speisekarte, bei denen beispielsweise 2,6 Kilogramm Milchshakes vertilgt werden müssen (eine beliebte Herausforderung bei den Kadetten der Naval Academy), kommen viele zum Morgenritual „The Pledge" vorbei: Seit 1989 erheben sich Mitarbeiter und Gäste hier jeden Tag um 8:30 Uhr (samstags und sonntags um 9:30 Uhr), legen ihre rechte Hand aufs Herz und schwören auf die amerikanische Flagge.

Wer der Main Street weiter folgt, kommt automatisch auf das Maryland State House zu, das 1772 im georgianischen Stil erbaut wurde. Es besitzt zwei Besonderheiten: Zum einen ist es das älteste durchgehend genutzte State House der Vereinigten Staaten und zum anderen verfügt es über die größte Holzkuppel der USA ohne Metallnägel. Das National Historic Landmark ziert übrigens die Sonderprägung des State Quarter – einer Gedenkmünzserie, bei der jedem US-Bundesstaat ein spezielles Design der 25-Cent-Münze gewidmet wurde.

Maryland State House

INFO

Lage und Anfahrt: Annapolis liegt direkt an der Chesapeake Bay, östlich von Washington, DC. Von Baltimore sind es über die I-97 in Richtung Süden etwa 40 Minuten mit dem Auto bis nach Annapolis.

Aktivitäten:

- U.S. Naval Academy: 90-minütige geführte Touren, immer halbstündlich montags bis samstags 9:30 bis 15 Uhr und sonntags 11:30 bis 15 Uhr, 12 USD pro Person; 121 Blake Road, Annapolis, MD 21402, *www.usna.edu*
- Colonial Walking Tours: Führungen durch den historischen Teil der Stadt mit im Kolonialstil gekleideten Stadtführern z. B. mit Colonial Tours of Annapolis (zwei Stunden immer Freitag, Samstag, Sonntag; 18 USD pro Person); *colonialtoursannapolis.com*
- Harbor Queen: 40-minütige Tour entlang des Hafens und der U.S. Naval Academy, April bis Oktober, 20 USD pro Person; 1 Dock Street, Annapolis MD, 21401, *watermarkjourney.com*
- Segeltouren mit der Woodwind und Woodwind II, z. B. zweistündiger Segeltörn ab 71 USD pro Person; 80 Compromise Street, Annapolis, MD 21401, *schoonerwoodwind.com*

Restaurants:

- Chick and Ruth's Delly: traditionsreicher Diner mit angeschlossenem Bed & Breakfast, dem Scotlaur Inn, mit zehn Zimmern; 165 Main Street, Annapolis, MD 21401, *chickandruths.com, scotlaurinn.com*
- Annapolis Ice Cream Company: hausgemachte Eiscreme in den verrücktesten Sorten; 196 Main Street, Annapolis, MD 21401, *annapolisicecream.com*

Unterkunft:

- Historic Inns of Annapolis: Governor Calvert House, Robert Johnson House und das Maryland Inn kombinieren viktorianischen Stil mit modernem Lifestyle; 58 State Circle, Annapolis, MD 21401, *historicinnsofannapolis.com*

Website: *visitannapolis.org*

33. ST. MICHAELS: MARITIMES STÄDTCHEN, DAS EINST DIE BRITEN HINTERS LICHT FÜHRTE

Die Geschichte dieses bezaubernden Ortes ist eng mit der Chesapeake Bay verbunden. Schiffsbau und Austernzucht waren in früheren Zeiten die vorherrschenden Handwerke, während St. Michaels heute vor allem Besucher anlockt, die gerne maritimes Flair genießen.

Chesapeake Bay Maritime Museum

Schon im 17. Jahrhundert gab es in St. Michaels zahlreiche Bootsbauer, deren Schoner als besonders schnell galten und daher nicht so leicht Gefahr liefen, Seeräubern in die Hände zu fallen. Das rief allerdings im Krieg von 1812 die Engländer auf den Plan. Noch in der Dunkelheit eines frühen Augustmorgens wollten sie den Ort mit einem Kanonenkugelhagel vom Wasser aus in Schutt und Asche legen. Vergeblich! Die Einwohner hatten abseits des Ortes Laternen in Bäume gehängt, die die Angreifer in der Dunkelheit für beleuchtete Fenster hielten und entsprechend anstelle der Stadt beschossen – eine Begebenheit, die St. Michaels den Beinamen „The town that fooled the British“ einbrachte.

Ein traditionelles Crab Feast

Nach dem Krieg wurde die Austernzucht populär: Es entstanden zahlreiche Fabriken, in denen die Austern und andere Meeresfrüchte wie Blaukrabben verpackt wurden. Eine davon gehörte William Coulbourne und Frederick Jewett, auf die eine bis heute übliche Einstufung von Krabbenfleisch in „regular“, „claw“, „special“, „backfin“ und „lump“ zurückgeht.

Viele solcher Geschichten lassen sich bei einem Besuch von St. Michaels entdecken, beispielsweise im Chesapeake Bay Maritime Museum. Dort ist viel über die Austernzucht, die geologischen Besonderheiten der Bay und ihre wirtschaftliche Bedeutung zu erfahren. Das beliebteste Fotomotiv steht auf Stelzen: das Hooper Straight Lighthouse.

INFO

Lage und Anfahrt: Von Annapolis dauert die Fahrt nach St. Michaels gut eine Stunde über die US-50 bis nach Easton und ab dort auf der MD-33. Dabei fällt für die Fahrt über die fast sieben Kilometer lange und mehr als 100 Meter hohe Chesapeake Bay Bridge eine Mautgebühr an (ab 4 USD pro Fahrzeug).

Aktivitäten:

- Chesapeake Bay Maritime Museum: täglich ab 10 Uhr geöffnet, Eintritt 16 USD; 213 N Talbot Street, St. Michaels, MD 21663, *cbmm.org*
- In St. Michaels gibt es verschiedene Anbieter für Fahrten auf der Chesapeake Bay, auch zum Fischen oder zu besonderen Themen wie den Leuchttürmen in der Region. Zudem lassen sich vielerorts Boote und Jachten mieten.
- Pferdestärken in alten Autos und Motorrädern sind das Thema im Classic Motor Museum: freitags bis sonntags ab 11 Uhr geöffnet, Eintritt 10 USD; 102 E Marengo Street, St. Michaels, MD 21663, *classicmotormuseum.org*

Restaurant:

- The Crab Claw: ein echter Klassiker in St. Michaels und Garant für frisches Seafood, saisonal geöffnet; 304 Burns Street, St. Michaels, MD 21663, *thecrabclaw.com*

Unterkunft:

- Bestes Haus am Platz, noch dazu in formidabler Lage direkt am Wasser und mit exzellenter Küche, ist das Inn at Perry Cabin. In dem Anwesen aus der Kolonialzeit spielte der Film „Die Hochzeits-Crasher“; 308 Watkins Lane, St. Michaels, MD 21663, *innatperrycabin.com*

Website: *stmichaelsmd.com*

34. KÄMPFERIN FÜR DIE FREIHEIT: HARRIET TUBMAN IN CAMBRIDGE

Neben dem maritimen Erbe der Chesapeake Bay findet sich in und um Cambridge bedeutende amerikanische Geschichte. 1684 von englischen Siedlern gegründet, ist sie eine der ältesten Kolonialstädte Marylands und steht symbolisch für einen besonderen Kampf – den Kampf für Freiheit (siehe Seite 244, Tipp 56).

Im Städtchen Cambridge ist eine der wohl bedeutendsten historischen Frauen der USA stets präsent: Harriet Tubman. Circa 1820 als Sklavin auf einer Farm nahe Cambridge geboren, gelang es ihr, 1849 mithilfe des Fluchtnetzwerks Underground Railroad zu entkommen. Anders als viele andere entflohene Sklaven kehrte sie unter hohem Risiko als Helferin der Underground Railroad rund ein Dutzend Mal zurück, um Familienmitglieder und weitere Sklaven zu befreien und diese in den sicheren Norden zu führen. Im Bürgerkrieg zwischen Nord- und Südstaaten unterstützte sie später die Gegner der Sklaverei als Kundschafterin sowie Krankenschwester und kümmerte sich um die von den Unionstruppen befreiten Sklaven.

Besucherzentrum ...

Heute erinnern in der Innenstadt von Cambridge das Harriet Tubman Museum and Educational Center sowie ein riesengroßes Wandgemälde des Künstlers Michael Rosato an die berühmte Fluchthelferin. Wo einst Harriet in der Kindheit als Sklavin diente, erstreckt sich der Harriet Tubman Underground Railroad National Historical Park mit einem beeindruckenden Besucherzentrum. Eine Ausstellung mit Multimedia-Installationen vermittelt das Wirken der legendären Freiheitskämpferin. In der näheren Umgebung liegen weitere Stationen, beispielsweise das restaurierte Geschäft, in dem Tubman in jungen Jahren eine schwere Kopfverletzung zugefügt wurde, unter deren Folgen sie ihr Leben lang litt.

... mit bewegender Ausstellung

INFO

Lage und Anfahrt: Von St. Michaels über die MD-33 und dann bei Easton auf die US-50 in circa 35 Minuten nach Cambridge. Von dort führen die MD-16 und MD-335 in 15 Autominuten zum Harriet Tubman Underground Railroad Visitor Center.

Aktivitäten:

- Harriet Tubman Museum and Educational Center: geöffnet Dienstag bis Freitag von 12 bis 15 Uhr, samstags bis 16 Uhr, freier Eintritt; 424 Race Street, Cambridge, MD 21613, *visitdorchester.org/harriet-tubman-museum-educational-center*
- Harriet Tubman Underground Railroad National Historical Park: geöffnet Dienstag bis Sonntag von 10 bis 16 Uhr, freier Eintritt; 4068 Golden Hill Road, Church Creek, MD 21622, *nps.gov/hatu*
- Choptank River Lighthouse: Nachbildung eines der berühmten Screw-Pile Lighthouses, von Mai bis Oktober täglich von 9 bis 18 Uhr geöffnet, außerhalb der Saison auf Anfrage, freier Eintritt; 100 High Street, Cambridge, MD 21613, *ChoptankLighthouse@gmail.com*, *choosecambridge.com/227/About-the-Lighthouse*

Website: *visitdorchester.org/cambridge-md*

35. Blackwater National Wildlife Refuge: Flyway für Zugvögel

Die Ostküste und die Chesapeake Bay sind nicht nur wichtige Refugien für Meeresbewohner. Auch zigtausende Zugvögel kommen hier Jahr für Jahr vorbei. Denn die Region liegt auf der Route des Atlantic Flyway.

Weitläufiges Naturschutzgebiet

Der Atlantic Flyway entlang der amerikanischen Ostküste beschreibt den Flugweg vieler Vögel zwischen Grönland sowie den tropischen Regionen Südamerikas und der Karibik. Eine wichtige Zwischenstation für sie ist das 1933 eingerichtete Blackwater National Wildlife Refuge. Dieses 110 Quadratkilometer große Naturschutzgebiet wenige Kilometer südlich von Cambridge in Maryland liegt am salzwassergespeisten Blackwater River. Mit seinen vielen Sumpf- und Feuchtgebieten, kleinen Wasserläufen, unzähligen Inselchen und üppiger Pflanzenwelt bietet es ideale Bedingungen für zahlreiche Tierarten. Je nach Jahreszeit sind hier Enten, Gänse, Reiher, Strandläufer, Möwen, Truthühner, Wachteln und viele weitere Vögel zu erleben – von Januar bis Juli sogar das amerikanische Wappentier, der Weißkopfseeadler. Füchse, Waschbären, Otter, Fledermäuse, Opossums, Eichhörnchen, Biber, Schlangen, Frösche, Schildkröten, kleine Hirsche und weitere Säugetiere sowie Reptilien und Amphibien fühlen sich hier ebenfalls zu Hause.

Beste Sicht zum Vogelbeobachten

Es ist gar nicht so unwahrscheinlich, einige der tierischen Bewohner dieses weitläufigen Naturschutzgebiets bei einem Besuch zu beobachten. Dazu bietet sich der Wildlife Drive an, der sich per Auto, mit dem Fahrrad oder zu Fuß erkunden lässt. Er führt entlang des Blackwater River zu einigen Aussichtspunkten sowie kleinen Wanderwegen durchs Marschland und ins Unterholz.

INFO

Lage und Anfahrt: Das Blackwater National Wildlife Refuge liegt rund 15 Kilometer von Cambridge entfernt, bis zum Visitor Center dauert es eine Viertelstunde.

Aktivitäten:

- Am Beginn eines Besuchs sollte ein Stopp im Visitor Center stehen: dienstags bis sonntags von 10 bis 16 Uhr geöffnet; 2145 Key Wallace Drive, Cambridge, MD 21613
- Der Wildlife Drive ist ganzjährig zwischen Sonnenauf- und Sonnenuntergang befahrbar, kann jedoch während der Jagdsaison oder bei schlechtem Wetter geschlossen sein. Die Durchfahrt mit dem Auto kostet 3 USD, Radfahrer und Fußgänger bezahlen 1 USD.

Website: *fws.gov/refuge/blackwater*

Tipp: Im Blackwater National Wildlife Refuge kann man sich wie in einer eigenen Welt fühlen. Das geht auch auf einer Insel. Wer die gut 90-minütige Fahrt von Cambridge nach Crisfield auf sich nimmt und dort die Fähre nach Smith Island besteigt (*smithisland.org/projects*), lernt eine bezaubernde Insel inmitten der Chesapeake Bay kennen. Nicht wundern, wenn man die Einheimischen nicht so gut versteht. Viele leben seit Generationen hier und sprechen einen altertümlichen Dialekt. Nach der Insel ist auch Marylands unumstrittenes Lieblingsdessert, der Smith Island Cake, benannt. Dieser an eine Prinzregententorte erinnernde Kuchen weist bis zu 15 Teigschichten auf, die mit Schokolade voneinander getrennt sind, und ist in den verschiedensten Geschmacksrichtungen erhältlich.

Versteckte Schätze am Atlantik und an der Chesapeake Bay

Segeltörn vor spektakulärem Panorama

Versteckte Schätze am Atlantik und an der Chesapeake Bay

36. Ocean City: 14 Kilometer Freizeitspaß direkt am Wasser
37. Berlin: Vom Gasthof zu einer der coolsten Kleinstädte der USA
38. Assateague Island: Heimat der wildlebenden Pferde
39. Chincoteague Island: Die lebhafte kleine Schwester
40. Tangier Island: Inselglück plus ein Juwel an der Ostküste
41. Chesapeake Bay Bridge-Tunnel: Wo es drunter und drüber geht
42. Virginia Beach: Farbenfroher Surf-Hotspot
43. Geschichtsträchtiger Ausblick und intakte Natur in Virginia Beach
44. Norfolk: Größte Marinebasis der Welt

Cambridge
Laurel
DELAWARE
50
Delmar
Bishopville
36
Whaleyville
37
Salisbury
Lexington Park
Fruitland
Berlin
Ocean City
MARYLAND
113
38
Princess Anne
Pocomoke City
13
Potomac
Greenbackville
Crisfield
New Church
39
River
Chincoteague
40
Pocomoke Sound
Tangier Sound
40
Onancock
Kilmarnock
Chesapeake Bay
Atlantischer Ozean
Exmore
VIRGINIA
13
Cape Charles
Gloucester Point
41
Newport News
Hampton
44
43
64
42
Norfolk
Virginia Beach

36. Ocean City: 14 Kilometer Freizeitspass direkt am Wasser

Pro Jahr kommen rund acht Millionen Besucher in dieses 7000-Einwohner-Städtchen direkt am Atlantik. Und sie wissen warum: Die einmalige Lage am Wasser und die vielen Attraktionen machen Ocean City zu einem Ziel für Badeferien par excellence.

Schon im 19. Jahrhundert pilgerten Erholungssuchende aus den Städten der Region hierher, um Sonne, Strand und Meer zu genießen. Und das erste große Hotel mit über 400 Zimmern begrüßte ab 1875 seine Gäste. Heute hat Ocean City nichts von seiner Attraktivität eingebüßt. Der rund 14 Kilometer lange Landstreifen von der Südspitze von Fenwick Island bis zur Grenze nach Delaware bietet im Osten einen einzigen, weiten Sandstrand, während sich an der Westseite zur Bay die Wohnhäuser, Parks und Bootsanleger befinden. Dazwischen gibt es alles, was einen lebhaften Badeort auszeichnet: Hotels jeglicher Kategorie, Ferienwohnungen, Restaurants, Cafés, Shops und jede Menge Freizeitvergnügen – natürlich mit riesigem Wassersportangebot einschließlich Hochseefischen. Golfer finden in der näheren Umgebung 17 Golfplätze.

The Big Wheel im Vergnügungspark Trimper Rides

Herzstück von Ocean City ist der über vier Kilometer lange hölzerne Boardwalk mit seinen Sitzbänken und Geschäften, die

Selbst im Hochsommer nicht überfüllt: der breite Sandstrand in Ocean City

zum Bummeln und Stöbern einladen. Bei Dolle's aus dem Jahr 1910 gibt es die berühmten Salt Water Taffies, also Toffees, die süß und zugleich unverkennbar salzig schmecken. Tradition und moderne Action bietet Trimper Rides: Der Vergnügungspark öffnete bereits 1893 seine Pforten. Neben Fahrgeschäften aus heutiger Zeit finden sich dort auch noch ein Karussell von 1912 sowie das Haunted House, eine Geisterbahn, die seit 1964 ihre Gäste erschreckt. Daneben verdient am Boardwalk das Ocean City Life-Saving Station Museum Aufmerksamkeit. Es erzählt die Geschichte des Ortes und vermittelt Einblicke in die Arbeit der Küstenwache.

Urlaubsspaß für die ganze Familie

In den Abend- und Nachtstunden verwandelt sich die Flaniermeile während der Sommersaison zu einem Hotspot für Partys und Livemusik. Sehenswert ist dann aber auch die Drohnenshow, die von Juni bis Anfang September ein- bis zweimal pro Woche ab 21 bzw. 21:30 Uhr stattfindet.

Wer gerne Meeresfrüchte isst, muss in Ocean City seinen Eiweißpegel im Auge behalten, denn das Angebot von Muscheln, Hummern & Co. aus dem Meer und aus der Chesapeake Bay ist riesig. Zumindest einmal sollte man ein traditionelles Krabbenessen in einem Crab House einplanen. Dort werden die grob gezimmerten Holztische mit braunem Packpapier bedeckt, auf das die frisch zubereiteten, kräftig gewürzten Krabben geschüttet werden. Die-

Wassersportliebhaber kommen hier voll auf ihre Kosten.

se isst man mit der Hand, sobald es gelungen ist, das Fleisch aus dem Panzer zu befreien. Als einziges Hilfsmittel wird ein kleiner Holzhammer gereicht. Eine weitere Spezialität sind die Soft Shell Crabs: Krabben, die sich im Wachstum befanden und deshalb ihren Panzer abgeworfen hatten, als sie gefangen wurden. Hier entfällt die Arbeit mit dem Panzer, dafür kann man sie zum Beispiel frittiert und zwischen zwei Brötchenhälften genießen.

INFO

Lage und Anfahrt: Wenn man von Cambridge aus der US-50 immer in Richtung Osten folgt, gelangt man nach rund 100 Kilometern (etwa 80 Minuten Fahrzeit) bis auf Fenwick Island und an den Boardwalk von Ocean City.

Aktivitäten:

- Trimper Rides ist nur in der Sommersaison von etwa April bis Anfang September geöffnet, kein Eintritt, doch kosten die einzelnen Fahrgeschäfte Gebühren, Tagespässe für unlimitiertes Fahrvergnügen ab 25 USD pro Person; 700 South Atlantic Avenue, Ocean City, MD 21842, *trimperrides.com, trimpershauntedhouse.com*
- Die süßen Köstlichkeiten von Dolle's können von 10 bis 18 Uhr gekostet und erworben werden, in der Wintersaison nur donnerstags bis sonntags; 500 South Atlantic Avenue at Wicomico Street, Ocean City, MD 21842, *dolles.com*
- Life-Saving Station Museum: von Mai bis Oktober täglich ab 10 Uhr geöffnet, in den übrigen Monaten nur an den Wochenenden, 5 USD Eintritt; 813 South Atlantic Avenue, Ocean City, MD 21842, *ocmuseum.org*

Unterkunft:

- Das ursprüngliche Atlantic Hotel von 1875 fiel im Dezember 1925 einem großen Feuer zum Opfer. Doch auch der in den 1920er-Jahren errichtete „Neubau" versprüht den Charme früherer Zeiten; 403 South Baltimore Avenue, Ocean City, MD 21842, *atlantichotelocmd.com*

Website: *ococean.com*

37. Berlin: Vom Gasthof zu einer der coolsten Kleinstädte der USA

Bevor die Reise weiter entlang der Atlantikküste führt, empfiehlt sich ein Abstecher ins Hinterland nach Berlin. Der Ort fasziniert nicht nur mit seinem prächtigen Stadtbild.

Im Hotel Atlantic war schon Prominenz zu Gast.

Weltweit gibt es mehr als 100 Orte, die den Namen Berlin tragen. Meist wurden sie von deutschen Auswanderern gegründet – nicht aber Berlin in Maryland. An einer Straßenkreuzung stand einst ein Gasthof namens Burleigh Inn. Mit der Zeit kamen weitere Häuser hinzu. Die Einwohner in der Region sprachen den Namen etwas genuschelt „Burl'in" aus, sodass im Laufe der Jahre schließlich Berlin entstand.

Der Besuch lohnt heute wegen der pittoresken Innenstadt mit vielen viktorianischen Gebäuden. Entsprechend konnte das Stadtbild bereits zahlreiche Auszeichnungen als besonders cool, schön oder romantisch einheimsen. Das ist auch Hollywood nicht entgangen: So diente Berlin bereits Filmen als Kulisse wie „Bis in alle Ewigkeit" und „Die Braut, die sich nicht traut" (siehe Seite 260, Tipp 60), hier insbesondere das historische Hotel Atlantic von 1895.

Auch wenn das Meer hier nicht zu sehen ist, so ist es nur ein paar Kilometer entfernt. Kein Wunder also, dass sich mit dem Mermaid Museum eine kleine Privatsammlung rund um das Thema Meerjungfrauen etabliert hat. Ausgestellt sind Berichte über Sichtungen, Bilder, Kostüme und Kurioses wie meerjungfrauförmige Erdnussflips. Sehr beliebt ist der Selfie-Spot: Hierzu begibt man sich in eine Badewanne, um sich dort mit einem Meerjungfrauenschwanz ablichten zu lassen.

Auf den Spuren mystischer Meeresbewohner im Mermaid Museum

INFO

Lage und Anfahrt: Für die 15 Kilometer Fahrtstrecke von Ocean City nach Berlin über die US-15 und den Old Ocean City Boulevard sollten 20 Minuten eingeplant werden.

Aktivitäten:

- Das Mermaid Museum liegt zentral in Berlins Innenstadt und direkt beim Atlantic Hotel: dienstags bis sonntags ab 11 Uhr geöffnet, im Winter teilweise geschlossen, 11 USD Eintritt; 4 Jefferson Street, Berlin, MD 21811, *berlinmermaidmuseum.com*

Unterkunft:

- Nächtigen, wo schon Julia Roberts und Richard Gere zugegen waren? Das geht natürlich im Hotel Atlantic; 2 N Main Street, Berlin, MD 21811, *atlantichotel.com*

Website: *berlinmainstreet.com*

38. Assateague Island: Heimat der wildlebenden Pferde

Dass es Assateague Island überhaupt als eigene Insel gibt, ist einem schweren Unwetter zu verdanken. 1933 trennte ein Hurrikan die heutige Düneninsel südlich von Ocean City von Fenwick Island ab.

Die wildlebenden Pferde genießen die Nähe zum Wasser.

Versandung hätte eigentlich dazu geführt, dass die beiden Inseln auf natürliche Weise wieder vereinigt würden. Stattdessen wurde der neu entstandene Kanal befestigt, damit die Fischer einen besseren Zugang zum Atlantik erhielten. Diese dauerhafte Trennung hat bis heute Folgen: Aufgrund der vorherrschenden Strömung wuchsen in Ocean City die Sandstrände, während Assateague Island – der Name erinnert an die Urbevölkerung in dieser Region – seitdem mit Erosion zu kämpfen hat und immer weiter nach Westen driftet.

Es gab Pläne, die Insel zu erschließen. Eine Straße und erste Gebäude existierten bereits, als 1962 wieder ein Sturm auf die Insel traf und große Verwüstungen anrichtete. Die Bebauungspläne wurden ad acta gelegt. Heute würdigt der Status eines Biosphärenreservats der Vereinten Nationen die wunderbare, geschützte Marschlandschaft, die mehr als 300 Vogelarten ein Zuhause bietet.

Die bekanntesten Bewohner der 60 Kilometer langen Insel, die sich Maryland und Virginia teilen, sind die wild lebenden Pferde, die sogenannten Assateague-Pferde, auch Chincoteague-Ponys genannt. Es gibt zwei Herden: eine auf der Maryland-Seite der Insel mit gut 75 Pferden, die andere, fast doppelt so große lebt auf Virginia-Terrain. Die Chancen, die Tiere zu sehen, stehen nicht schlecht. Doch Besucher sollten sich bewusst sein, dass es sich um Tiere in freier Wildbahn handelt, denen mit Respekt und vor allem mit gebührendem Abstand zu begegnen ist.

Nachwuchs bei der Herde

INFO

Lage und Anfahrt: Wer sich von Norden der Insel nähert, folgt der MD-611, bis diese über die Verrazano Bridge auf die Insel und zum Assateague State Park führt (knapp 20 Minuten Fahrzeit von Ocean City). Ungleich länger, nämlich rund 90 Minuten, dauert die Fahrt bis zum Virginia-Teil der Insel über die US-50 W, US-113 S und VA-175 E.

Öffnungszeiten: Assateague Island steht ganzjährig offen. Die Besucherzentren und die Ranger Station öffnen täglich um 9 Uhr morgens (eingeschränkte Zeiten im Winter).

Eintritt: Bei der Fahrt mit dem Pkw auf den Maryland-Teil der Insel muss ein 7-Tage-Pass ab 25 USD erworben werden. Für den Virginia-Teil gibt es auch Tagespässe ab 10 USD. Fußgänger und Radfahrer bezahlen nichts.

Unterkünfte: Die einzigen Übernachtungsmöglichkeiten auf der Insel sind einige Campingplätze.

Website: *nps.gov/asis*

39. CHINCOTEAGUE ISLAND: DIE LEBHAFTE KLEINE SCHWESTER

Anders als auf der großen Schwester Assateague herrscht auf Chincoteague Island ein buntes Treiben mit Restaurants, Pensionen und Freizeitvergnügen. Höhepunkt im Jahr: eine große Pferde-Auktion.

Ungeachtet des Urlaubsangebots spielen die wildlebenden Pferde auch hier eine besondere Rolle. Damit es zu keiner Überbevölkerung kommt, werden sie einmal im Jahr beim Pony Penning zusammengetrieben. Einzelne Pferde werden daraufhin herausgesucht und auf einer Auktion zugunsten der Freiwilligen Feuerwehr von Chincoteague versteigert. Das Pony Penning mit dem spektakulären Pony Swim ist das größte Ereignis auf der Insel und findet jeweils Ende Juli statt. Das Spektakel inspirierte die Schriftstellerin Marguerite Henry zu ihrem Jugendbuch „Misty of Chincoteague", das 1947 erstmals veröffentlicht und später sogar verfilmt wurde. Deutsche Übersetzungen der Misty-Serie sind als gebrauchte Exemplare noch erhältlich.

Die Herde wird zusammengetrieben.

Es ist übrigens umstritten, wie es überhaupt dazu kam, dass hier Pferde leben. Eine Legende besagt, dass es sich um Nachkommen von Pferden handelt, die einst Piraten gehörten. Einer anderen zufolge kenterte eine spanische Galeone mit den Tieren an Bord vor der Küste, die sich daraufhin auf die Insel retteten.

Chincoteague präsentiert sich Besuchern als Ferienort mit Naturschutzgebiet abseits des Massentourismus. Und doch wird es hier nicht nur zur Pferdeauktion richtig voll: Auf der benachbarten Wallops Island befindet sich der Startplatz der Antares-Raketen, die regelmäßig Fracht und Nachschub zur internationalen Raumstation ISS bringen. Antares-Starts lassen sich im Süden von Chincoteague sehr gut beobachten, weshalb unzählige Schaulustige aus diesem Anlass dorthin strömen.

Chincoteague aus der Vogelperspektive

INFO

Lage und Anfahrt: Assateague Island und Chincoteague Island sind unmittelbare Nachbarn, die über die kleine Brücke der Beach Access Road miteinander verbunden sind.

Aktivitäten:

- Naturschutzgebiete, Sandstrände, Wassersport und das gemütliche Städtchen machen die Insel zu einem charmanten Reiseziel. Über ihre Geschichte informiert das Museum of Chincoteague Island: freitags und samstags von 11 bis 17 Uhr geöffnet, 5 USD Eintritt; 7125 Maddox Boulevard, Chincoteague Island, VA 23336, *chincoteaguemuseum.com*
- Für Fans der Misty-Bücher ist ein Besuch der Beebe Pferderanch unverzichtbar: 30-minütige Misty-Touren sind nach vorheriger Anmeldung von April bis Oktober möglich; 3062 Ridge Road Chincoteague Island VA 23336, *facebook.com/Beeberanch*

Websites:

- *chincoteaguechamber.com*
- *fws.gov/refuge/chincoteague*

40. Tangier Island: Inselglück plus ein Juwel an der Ostküste

Wer maritime Atmosphäre, frische Meeresfrüchte und einen abgeschiedenen Ort sucht, ist auf Tangier Island genau richtig. Die kleine Insel mit gerade einmal rund 700 Einwohnern liegt inmitten der Chesapeake Bay. Und das kleine Onancock – als Ausgangspunkt für einen Inselausflug – gilt als einer der charmantesten Orte an der Ostküste von Virginia.

Schon die Anreise ist ein echtes Erlebnis und trägt zur Entspannung bei. Von Onancock in Virginia dauert es im Sommer mit der Fähre rund eine Stunde bis nach Tangier Island – die perfekte maritime Einstimmung. Dort angekommen, erwarten einige Restaurants, mehrere kleine Unterkünfte und Souvenirshops den Reisenden. Doch eines ist klar: Tangier Island ist ein echtes Ziel abseits der ausgetretenen Pfade, nur wenige Touristen verschlägt es hierher. Doch die freuen sich über einen naturbelassenen Strand ohne künstliche Boardwalks und eine weitgehend ursprüngliche Atmosphäre, als würde man den Fischerort nicht im 21. Jahrhundert besuchen.

Nach Tangier Island verschlägt es nur wenige Touristen.

Das Fangen der beliebten Softshell Crabs ...

Denn ungeachtet der Besucher: Seafood aus der größten Flussmündung der USA ist bis heute die wichtigste Einnahmequelle der Menschen auf Tangier Island, wo Autos und andere motorisierte Fahrzeuge übrigens nur mit Sondergenehmigung gefahren werden dürfen. Wer nicht zu Fuß die Insel erkunden möchte, kann ein Golfcart oder Fahrrad ausleihen. Aber Tangier Island ist kein Ziel, um schnell mehrere Sehenswürdigkeiten abzuklappern. Hierher setzt man über, um das einzigartige Flair zu genießen, beispielsweise am Hafen oder Strand, oder durch die Straßen zu schlendern. Und vor allem, um in einem der Restaurants frische Meeresfrüchte und andere Schätze aus der Chesapeake Bay zu probieren – schließlich gilt das Eiland als Hauptstadt der Softshell Crabs. Außerdem lohnt ein Abstecher ins Tangier Island Museum, das einen Überblick über die Geschichte und die Lebensweise der Bewohner bietet. Auch Kajaks und Kanus sind kostenlos erhältlich, um die Ufer zu erkunden, während der ausgewiesene History Trail zu 60 bedeutenden Plätzen aus der Vergangenheit führt. Die Zukunft der Insel ist indes ungewiss. Angesichts des steigenden Meeresspiegels ist ihr Bestand langfristig gefährdet. Bereits in den vergangenen 150 Jahren hat sie zwei Drittel ihrer Fläche verloren, bei Hochwasser werden zuweilen Straßen und Gärten überflutet.

... ist hier allgegenwärtig.

Frische Austern im The Inn at Onancock

Zurück in Onanock – nach einem Tagesausflug oder einer Übernachtung auf der Insel – geht die maritime Entspannung weiter. Wie auch Tangier Island lässt sich der 1680 gegründete Ort gut zu Fuß entdecken. In der kleinen Innenstadt finden sich historische Gebäude, Galerien und kleine Geschäfte – perfekt für einen Stadtbummel entlang hübscher Anwesen aus der viktorianischen Zeit. Das 1500-Einwohner-Städtchen ist mit der Bay durch den etwa sechs Kilometer langen South Branch Onancock Creek verbunden und dennoch seit jeher ein wichtiger Hafen: einst für Dampfschiffe, heute vor allem für die Fähre nach Tangier Island sowie Segelboote und Kajaks.

INFO

Tangier Island: Die Fähre von Onancock nach Tangier Island fährt zwischen Mai und Oktober zweimal täglich (25 USD pro Person; *tangierferry.com*). Außerdem besteht ganzjährig eine Verbindung zwischen der Insel und Crisfield, Maryland. Auf der Insel können Golfcarts und Fahrräder beim Restaurant Four Brothers Crab House gemietet werden (keine Reservierungen; *fourbrotherscrabhouse.com/rentals*). Das Tangier History Museum ist im Sommer von 11 bis 16 Uhr geöffnet (Eintritt und Kajaks kostenlos; 16215 Main Ridge Road, Tangier, VA 23440).

Onancock: Der Ort liegt auf einem schmalen Landstreifen zwischen dem Atlantik und der Chesapeake Bay. Von Chincoteague Island sind es rund 45 Autominuten, nach Virginia Beach etwa 90 Autominuten (jeweils über die I-13). Dank der 300-jährigen Vergangenheit als Hafenstadt prägen viele historische Gebäude das pittoreske Onancock. Neben einer Stadtbesichtigung bieten sich Rundfahrten mit dem Segelboot (50 USD pro Person; *onancocksailingadventures.com*) oder eine Tour im Kajak (ab 20 USD pro Stunde; *burnhamguides.com/virginia-rentals-1*) an.

Websites:

- *tangierisland-va.com*
- *virginia.org/places-to-visit/regions/eastern-shore/onancock*

41. Chesapeake Bay Bridge-Tunnel: Wo es drunter und drüber geht

Von der Eastern Shore zu den Städten im Südosten Virginias zu gelangen, wäre mit gehörig viel Aufwand verbunden, wenn es nicht eine aufwendige Konstruktion gäbe, die Reisende in Richtung Virginia Beach bringt – über und unter Wasser.

Wer die Natur und Landschaft der Inseln Assateague und Chincoteague ins Herz geschlossen hat, wird sich auch auf der Halbinsel Delmarva wohlfühlen, vor der sie liegen. Delmarva wird allgemein als Eastern Shore bezeichnet und trennt auf einer Länge von rund 300 Kilometern die Chesapeake Bay vom Atlantik. Als Standort für Ausflüge in die hiesige Tier- und Pflanzenwelt bietet sich das gemütliche Städtchen Cape Charles mit öffentlichen Stränden zur Chesapeake Bay an. Hier ist das Freizeitangebot mit Golf, Angelausflügen, Bootsverleih, Yoga am Strand und vielem mehr überraschend groß.

Auf dem Weg weiter nach Süden ist es ein Segen, dass es den Chesapeake Bay Bridge-Tunnel (offizieller Name: Lucius J. Kellam Jr.

Eine Replikat des Old Plantation Flats Lighthouse in Cape Charles

Bridge-Tunnel) gibt. Er verbindet die Südspitze von Delmarva mit Hampton Roads und Virginia Beach – auf dem Landweg müsste andernfalls ein Umweg von mehreren hundert Kilometern in Kauf genommen werden. Zunächst geht es nach Fisherman Island, ein Habitat für Zugvögel, das für Besucher jedoch gesperrt ist. Dahinter beginnt die rund 30 Kilometer lange Konstruktion aus Brücke und Tunnel, eine der größten ihrer Art weltweit. Eröffnet wurde sie im April 1964, und an ihrer höchsten Stelle fährt man rund 23 Meter über dem Wasser, während die beiden Tunnelröhren eine Länge von 1,6 Kilometern aufweisen.

Autofahrt mit Adrenalin-Kick

INFO

Lage und Anfahrt: Der Chesapeake Bay Bridge-Tunnel ist nicht zu verfehlen, wenn man auf der US-13 immer in Richtung Süden fährt. Von Onancock aus dauert die Fahrt für die 75 Kilometer etwa eine Stunde. Für die Überfahrt wird eine Maut fällig (pro Auto ab 14 USD). Wer sich die Fahrt nicht zutraut, kann vorab um entsprechende Hilfe bitten, muss dies aber mit ausreichend zeitlichem Vorlauf tun;
Tel. +1 757 331 2960.

Aktivität:

- Ein Bauwerk mit den Ausmaßen des Chesapeake Bay Bridge-Tunnels zu fotografieren, ist eine Herausforderung. Daher lohnt sich ein Stopp beim offiziellen „Scenic Overlook" ganz im Süden der Delmarva Halbinsel. Hier lassen sich auch Wasservögel beobachten.

Websites:

- *visitesva.com*
- *capecharlesvirginiascape.com*
- *cbbt.com*

42. VIRGINIA BEACH: FARBENFROHER SURF-HOTSPOT

Wo der Atlantische Ozean und die Chesapeake Bay an der US-Ostküste aufeinandertreffen, verspricht Virginia Beach breite Sandstrände gepaart mit einer Menge Attraktionen für Groß und Klein. Ob im, um oder auf dem Wasser – Erholungssuchende und Outdoor-Fans kommen hier ganz auf ihre Kosten.

King Neptun wacht über den kilometerlangen Strand und die Promenade.

Das Herzstück der größten Stadt Virginias ist zweifellos die fünf Kilometer lange Strandpromenade an der Oceanfront, die man am besten mit dem Fahrrad oder einem Surrey (vierrädriges Gefährt für bis zu sechs Personen) entlang cruist. Die elf Meter hohe Bronzeskulptur von König Neptun ist ein perfekter Fotostopp an der Promenade. Etwas Kultur rund um die Geschichte der Community und das maritime Erbe gibt es im charmanten Virginia Beach Surf & Rescue Museum. Am Boardwalk befinden sich zudem zahlreiche Hotels. Von den meisten Zimmern haben Urlauber einen perfekten Blick auf den Atlantik und können am Morgen die Delfine im Wasser vorbeiziehen sehen. Abends sorgen Livemusik und Künstler vor allem in den Sommermonaten für kostenfreie Unterhaltung. Virginia Beach trägt nicht umsonst laut Guinness Buch der Rekorde den Titel als längster Vergnügungsstrand der Welt.

Surf-Leidenschaft nicht nur am Strand

Angrenzend an die Oceanfront befindet sich der ViBe Creative District. Ein Bummel durch die lokalen Geschäfte – von kleinen Kaffeeröstereien bis zu Anbietern selbst gefertigter Taschen oder Schmuckstücke – wird durch eine Vielzahl farbenfroher Wandgemälde ergänzt. Hier kommen Urlauber schnell in Kontakt mit den „Locals", die auch gern auf den Handwerksmärkten und in den Galerien stöbern oder es sich in den Craftbier-Brauereien und Restaurants gutgehen lassen. Ebenfalls im kunstvollen Stadtviertel wartet das Virginia Museum of Contemporary Art mit mitreißenden Werken und wechselnden Ausstellungen auf Besucher.

Walbeobachtungen in den Wintermonaten

Entlang der gesamten Küstenlinie von Virginia Beach wird für Aktivsportler und Wasserratten etwas geboten. Schon seit mehreren Jahrzehnten ist die Stadt als Surf-Hotspot bekannt. Unter anderem werden hier seit 1963 die East Coast Surfing Championships, einer der wichtigsten Amateur-Wettbewerbe des US-Surfsportverbands, ausgetragen. Damit ist es die am zweitlängsten durchgängig durchgeführte Surf-Meisterschaft der Welt. Mit etwas weniger Action geht es beim Stand-up-Paddling zu, Fortgeschrittene können sich beim Yoga auf dem Board probieren. Bei Kajaktouren können Delfine beobachtet werden, die in großer Population in den Gewässern vor Virginia Beach leben. Geführte Bootstouren sind eine gute Alternative für alle, die nicht selbst paddeln wollen, um Delfine oder aber auch im Winter Wale zu entdecken. Erste Anlaufstelle dafür ist das Virginia Aquarium & Marine Science Center.

Kulinarisch hat Virginia Beach auch einiges zu bieten: frische Austern aus dem Lynnhaven River, Blaukrabben aus der Chesapeake Bay oder frisches Obst und Gemüse von den umliegenden Farmen. Wer selbst zur Angel greift und fischen geht, kann sich die selbst gefangenen Meerestiere im Restaurant zubereiten lassen – alles unter dem Motto „Catch & Cook".

Auf Tuchfühlung mit den Meeresbewohnern im Virginia Aquarium

INFO

Lage und Anfahrt: Virginia Beach liegt an der Mündung der Chesapeake Bay zum Atlantik. Vom Chesapeake Bay Bridge-Tunnel sind es etwa 20 Minuten über die US-60 nach Virginia Beach.

Aktivitäten:

- Virginia Beach Surf & Rescue Museum: saisonale Öffnungszeiten; 2401 Atlantic Avenue, Virginia Beach, VA 23451, *vbsurfrescuemuseum.org*
- ViBe Creative District: Stadtviertel mit lokalen Geschäften und mehr als 100 Wandgemälden; zwischen 16th und 24th Street, *vibecreativedistrict.org*
- Virginia Museum of Contemporary Art: geöffnet Donnerstag 10 bis 20 Uhr, Freitag bis Sonntag 10 bis 16 Uhr, freier Eintritt; 2200 Parks Avenue Virginia Beach, VA 23451, *virginiamoca.org*
- Kajaktouren zu den Delfinen: beispielsweise mit Chesapean Outdoors, zweistündige Touren 60 USD pro Person; 600 Laskin Road, Virginia Beach, VA 23451, *chesapean.com*
- Virginia Aquarium & Marine Science Center: täglich von 9 bis 17 Uhr geöffnet, Eintritt 25 USD; Bootstouren: 90-minütige Dolphin Watching Touren von April bis Oktober, 25 USD pro Person, zwei- bis 2,5-stündige Whale Watching Touren im Dezember und Januar, 35 USD pro Person; 717 General Booth Boulevard, Virginia Beach, VA 23451, *www.virginiaaquarium.com*

Restaurants:

- Waterman's Surfside Grille: Traditionsrestaurant mit frischem Seafood direkt an der Strandpromenade; 415 Atlantic Avenue, Virginia Beach, VA 23451, *watermans.com*
- Tautog's Restaurant: eine Institution in Virginia Beach, bekannt für die frische und regionale Küche; 205 23rd Street, Virginia Beach, VA 23451, *tautogs.com*

Website: *visitvirginiabeach.com*

43. GESCHICHTSTRÄCHTIGER AUSBLICK UND INTAKTE NATUR IN VIRGINIA BEACH

Am Cape Henry im nördlichsten Teil des Ferienortes Virginia Beach haben im Jahr 1607 jene Engländer ihren Fuß auf das Festland gesetzt, denen es als Erste gelang, eine dauerhafte Siedlung in den heutigen USA zu gründen. Jetzt sind am Cape Henry der First Landing State Park und das vom US-Militär genutzte Fort Story zu finden.

Mitten im militärischen Sperrgebiet stehen der imposante historische Leuchtturm Cape Henry Lighthouse sowie sein jüngerer Bruder. Cape Henry Lighthouse ist der erste von der US-Regierung autorisierte Leuchtturm aus dem Jahre 1792 und das erste Bauprojekt, das Präsident George Washington nach dem Unabhängigkeitskrieg veranlasste. Er wurde im Virginia-Kolonialstil und aus dem gleichen Aquia-Sandstein wie ein Großteil der Gebäude in Washington, DC erbaut. Um aus dem 360-Grad-Laternenraum des Cape Henry Lighthouse den spektakulären Blick auf die Chesapeake Bay und den Atlantischen Ozean genießen zu können, müssen zuerst 191 Stufen erklommen werden.

Wandern im First Landing State Park ...

... oder Kajakfahren im False Cape State Park.

Virginia Beach ist das Tor zu mehr als 75 Quadratkilometern State Parks und Wildreservaten. Dazu zählt auch das Wildtierschutzgebiet Back Bay National Wildlife Refuge mit dem angeschlossenem

False Cape State Park, ein Naturreservat mit vielfältigen Freizeitmöglichkeiten. „False Cape", das falsche Kap, liegt in Sandbridge Beach, der acht Kilometer langen Sandbank südlich von Virginia Beach. Seinen Namen erhielt das Kap, weil viele Schiffe aus Europa auf den vorgelagerten Riffs dort strandeten. Die Kapitäne hielten die kleine Meerenge fälschlicherweise für die Einfahrt in die Chesapeake Bay.

Alt und neu: die Leuchtturm-Brüder

INFO

Aktivitäten:

- First Landing State Park: meist besuchter Park Virginias, geöffnet ab 8 Uhr bis Sonnenuntergang; Durchfahrt mit dem Auto kostet 4 USD, am Wochenende 5 USD; 2500 Shore Drive, Virginia Beach, VA 23451, *dcr.virginia.gov/state-parks/first-landing*
- Cape Henry Lighthouse: täglich 10 bis 16 Uhr, Eintritt 14 USD, Besucher müssen am Eingang von Fort Story einen gültigen Reisepass sowie Fahrzeugschein und Versicherungsnachweis vom Pkw vorzeigen; 583 Atlantic Avenue, Fort Story, VA 23459, *preservationvirginia.org/historic-sites/cape-henry-lighthouse*
- False Cape State Park: geöffnet von Sonnenauf- bis Sonnenuntergang; 4001 Sandpiper Road, Virginia Beach, VA 23456; *dcr.virginia.gov/state-parks/false-cape*
- Back Bay National Wildlife Refuge: geöffnet von Sonnenauf- bis Sonnenuntergang; 4005 Sandpiper Road, Virginia Beach, VA 23456, *fws.gov/refuge/back_bay*
- Blue Pete's Dinner Tour: Kajaktour im Naturschutzgebiet Back Bay National Wildlife Refuge mit Abendessen im beliebten Restaurant Blue Pete's, 60 USD pro Person; 1400 North Muddy Creek Road, Virginia Beach, VA 23456, *oceanrentalsltd.com/product/blue-petes-dinner-tour*

44. NORFOLK: GRÖSSTE MARINEBASIS DER WELT

Als Heimathafen der US-Atlantikflotte sind in Norfolk regelmäßig gigantische Flugzeugträger, U-Boote und weitere Kriegsschiffe zu sehen. Doch auch Motor- und Segelboote sowie Kreuzfahrtschiffe gehen im Hafen vor Anker. Besucher begeben sich auf eine spannende Entdeckungstour an Land und auf dem Wasser.

Imposanter Bug: Battleship Wisconsin

Auf über 1700 Hektar erstreckt sich auf der Halbinsel Sewells Point die Naval Station Norfolk, der größte Marinestützpunkt der Welt. Neben 75 Schiffen, die, wenn sie nicht gerade auf See sind, hier repariert, umgerüstet und für die Ausbildung genutzt werden, gehören auch über 130 Flugzeuge zur Marinebasis. Mehr über die Meeresriesen und das geschäftige Treiben auf der Naval Base erfahren Besucher bei einer Tour mit dem Ausflugsschiff Victory Rover.

Einmal neben dem mächtigen Geschützturm stehen oder sehen, wie die Crew in einem Kriegsschiff untergebracht war? Das 270 Meter lange Battleship Wisconsin ist eines der größten Schlachtschiffe, die von der US Navy gebaut wurde. Es liegt direkt neben dem maritimen Forschungszentrum Nauticus, einem interaktiven Museum mit vielen spannenden Ausstellungen.

Für eine köstliche Abkühlung sorgt der Erfinder des Waffelhörnchens.

Ganz in der Nähe befindet sich ein Juwel für Kunstbegeisterte: das Chrysler Museum of Art. 1933 gegründet, erlangte es erst rund 40 Jahre später den heutigen Namen, als Walter P. Chrysler Jr. (Sohn des

Gründers der Chrysler Corporation) den Großteil seiner Privatsammlung von mehr als 10.000 Kunstwerken an das Museum übergab – darunter Werke von Picasso und Matisse. Heute beherbergt das Museum mehr als 30.000 Gemälde, Skulpturen sowie Fotografien international anerkannter Künstler von der Antike bis zur Moderne. Zudem besitzt es eine der größten Kollektionen von Glaskunst in den USA.

INFO

Lage und Anfahrt: Norfolk liegt am James River in der Einmündung zur Chesapeake Bay. Über die I-264 dauert es circa 25 Minuten von Virginia Beach nach Norfolk.

Aktivitäten:

- Nauticus und Battleship Wisconsin: Dienstag bis Samstag von 10 bis 16 Uhr, Sonntag ab 12 Uhr geöffnet, Eintritt 16 USD, Übernachtung auf dem Battleship mit VIP-Tour, Kinovorführung und Frühstück in der Offiziersmesse für 120 EUR pro Person; 1 Waterside Drive, Norfolk, VA 23510, *nauticus.org*
- Victory Rover Naval Base Cruise: zweistündige Tour, 28 USD pro Person, Tickets am Nauticus Museum erhältlich; 1 Waterside Drive, Norfolk, VA 23510, *navalbasecruises.com*
- Chrysler Museum of Art: Dienstag bis Samstag von 10 bis 17 Uhr, am Sonntag ab 12 Uhr geöffnet, Eintritt frei; 1 Memorial Place, Norfolk, VA 23510, *chrysler.org*
- Segeltörn mit dem Dreimaster American Rover: z. B. zweistündige Sunset Cruise mit Livemusik, 40 USD pro Person; 333 Waterside Drive, Norfolk, VA 23510, *americanrover.com*

Restaurant:

- Doumar's: Hier wurde 1904 die Maschine zur Herstellung von Waffelhörnchen erfunden. Neben Eiscreme gibt es auch Burger, Sandwiches, Barbecue etc.; 1919 Monticello Avenue, Norfolk, VA 23517, *doumars.com*

Website: *visitnorfolk.com*

SPECIAL: KULINARISCHE KÖSTLICHKEITEN IN DER CAPITAL REGION USA

Seafood, lokale Produkte und das beste Restaurant des Landes: Wer die Capital Region USA erkundet, kann sich auf viele regionale Spezialitäten freuen. Den sprichwörtlichen Gipfel des Genusses finden Reisende im kleinen Örtchen Washington, Virginia, rund 90 Autominuten südwestlich der Hauptstadt.

Fast schon unscheinbar: das einzige Drei-Sterne-Restaurant der Region

Das Restaurant des Hotels The Inn at Little Washington (*theinnatlittlewashington.com*) wurde von den Nutzern der Bewertungsplattform TripAdvisor 2021 in der Kategorie Fine Dining zum besten in den USA gekürt. Drei Michelin-Sterne hat das Restaurant ohnehin seit 2018 und seit Neuestem auch einen „Michelin Green Star" für nachhaltige Gastronomie und Umweltschutz. Küchenchef Patrick O'Connell setzt voll auf Regionalität – aus dem eigenen Garten sowie von lokalen Landwirten und Viehzüchtern.

Frisches Gemüse von den umliegenden Farmen

Solche regionalen Spezialitäten lassen sich vielerorts probieren. In der Hauptstadt ein absolutes Muss: der samstägliche Wochenmarkt auf dem Capitol Hill (siehe Seite 66, Tipp 13). Zahlreiche lokale Produzenten bieten ihre frischen Waren an. Unter dem Motto „Farm to Table" finden sich in der gesamten US-Hauptstadtregion zahlreiche Restaurants, die eng mit lokalen Metzgern und Landwirten kooperieren. In Virginia werden beispielsweise Mais, Kürbisse, Äpfel und Pfirsiche angebaut. Freunde herzhafter Küche kommen ebenfalls auf ihre Kosten: Pulled Pork und Beef Baskets sind ebenso vertreten wie BBQ-Gerichte. Die angrenzenden Südstaaten wirken inspirierend.

Ein Festmahl: Blaukrabben

Doch vor allem ist die Region dank ihrer Lage am Atlantik für frisches Seafood berühmt. Die Chesapeake Bay ist bekannt für köstliche Blaukrabben. Die Blue Crabs sind in vielen Restaurants sowie bei Foodtrucks und an Ständen erhältlich. Ebenfalls beliebt: Crabcakes, kleine Küchlein mit Krabbenfleisch, Eiern und Paprika. Dazu stehen Austern auf zahlreichen Speisekarten – schließlich ist Virginia der größte Austernproduzent der USA. Die Meeresfrüchte werden im Süßwasser des Rappahannock River und im Salzwasser der Chincoteague Bay gezüchtet.

Wer einen Wegweiser zu den kulinarischen Höhepunkten sucht, greift am besten zum Michelin Guide für die amerikanische Hauptstadt. Bei 130 empfohlenen Restaurants in der Region dürfte wohl jeder eine passende Location finden. Allein 23 Restaurants tragen den begehrten Stern!

Touren auf einer Austernfarm mit Pleasure House Oysters

Geschichte und Kleinstadtcharme treffen auf Bergromantik

Einfach fotogen: umwerfendes Bergpanorama in den Blue Ridge Mountains

Geschichte und Kleinstadtcharme treffen auf Bergromantik

45. „Give me liberty, or give me death!“: Im historischen Dreieck Virginias
46. Richmond: Stets gut für eine Überraschung
47. Charlottesville: Zu Hause bei einem Universalgenie
48. Roanoke: Die Berge rufen
49. Bristol: Zum Urknall der Country Music
50. Durch die Blue Ridge Mountains auf Amerikas Lieblingsstrecke
51. Shenandoah National Park: Wildnis mit Schwarzbären

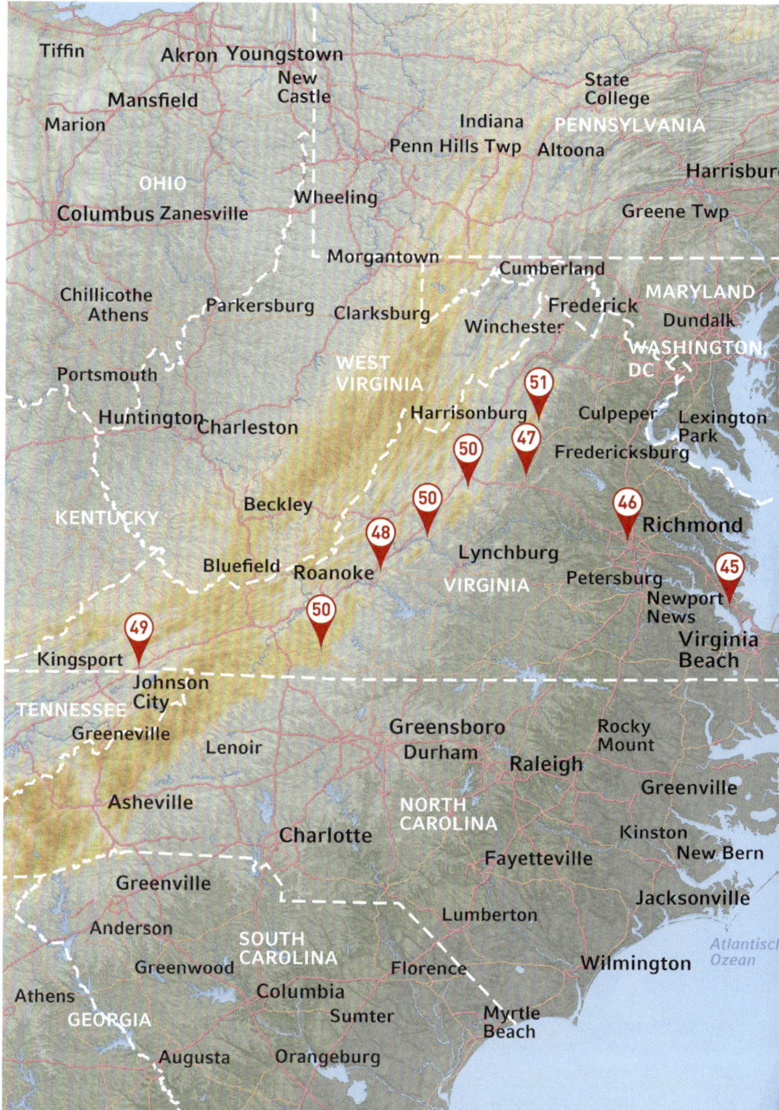
Tiffin
Akron
Youngstown
New Castle
Mansfield
Marion
State College
Indiana
PENNSYLVANIA
Penn Hills Twp
Altoona
Harrisburg
OHIO
Wheeling
Columbus
Zanesville
Greene Twp
Morgantown
Cumberland
MARYLAND
Chillicothe
Athens
Parkersburg
Clarksburg
Frederick
Dundalk
Winchester
WASHINGTON, DC
Portsmouth
WEST VIRGINIA
51
Huntington
Charleston
Harrisonburg
Culpeper
Lexington Park
50
47
Fredericksburg
Beckley
50
46
KENTUCKY
Richmond
48
Lynchburg
Bluefield
Roanoke
VIRGINIA
Petersburg
45
Newport News
50
49
Virginia Beach
Kingsport
Johnson City
TENNESSEE
Greensboro
Rocky Mount
Greeneville
Lenoir
Durham
Raleigh
Greenville
Asheville
NORTH CAROLINA
Charlotte
Kinston
Fayetteville
New Bern
Greenville
Jacksonville
Anderson
Lumberton
SOUTH CAROLINA
Greenwood
Florence
Wilmington
Atlantischer Ozean
Athens
Columbia
GEORGIA
Sumter
Myrtle Beach
Augusta
Orangeburg

45. „Give me liberty, or give me death!": Im historischen Dreieck Virginias

Bereits 1607 erreichten Siedler aus England die Neue Welt – also 13 Jahre bevor die legendären Pilgerväter mit der Mayflower im heutigen Massachusetts an Land gingen. Sie gründeten auf einer Insel im James River das Fort James, das spätere Jamestown. Damit errichteten sie nicht nur die erste dauerhafte englische Siedlung auf amerikanischem Boden. Sie legten auch den Grundstein für eine neue Nation, die wir heute als die Vereinigten Staaten von Amerika kennen.

In den Jahren zuvor waren bereits erste Besiedelungsversuche gescheitert, beispielsweise auf Roanoke Island (heute North Carolina). Entsprechend waren auch für die Einwanderer die ersten Jahre in Jamestown alles andere als ein Zuckerschlecken. Sie kämpften schwer mit Widrigkeiten wie Hunger, Krankheiten, den klimatischen Bedingungen sowie dem Mangel an guten Arbeitern und Handwerkern. Hinzu kamen Streitereien untereinander und später auch kriegerische Auseinandersetzungen mit den indige-

Eine Reise zurück in die Zeit auf dem Nachbau des Segelschiffs Godspeed …

... und bei den Powhatan-Indianern

nen Völkern, sodass sie die Siedlung schon aufgeben wollten. Es war Captain John Smith, unter dessen Führung 1608 und 1609 die Kolonie Stabilität erlangte. Seine angebliche Liaison mit der von dem gleichnamigen Disney-Film bekannten Powhatan-Häuptlingstochter Pocahontas ist dagegen nicht belegt.

Wirtschaftlichen Aufschwung erlebte der kleine Ort etwa ab dem Jahr 1612 mit der Anpflanzung und dem Export von Tabak, was vor allem einer Züchtung des Farmers John Rolfe zu verdanken war. Er war es auch, der 1614 Pocahontas ehelichte und so für zwischenzeitlichen Frieden zwischen Siedlern und Powhatans sorgte.

Im Jamestown Settlement erleben Besucher einen naturgetreuen Nachbau der ersten Siedlung. Hier lernen sie, wie die Kolonisten ihre Behausungen schufen, sich ernährten und vieles mehr. Beeindruckend sind die Nachbauten der drei Schiffe, mit denen einst die Überfahrt aus England gelang. Jamestown Settlement befindet sich jedoch nicht exakt an der historischen Stelle des Fort James. Diese ist ganz in der Nähe im Historic Jamestowne zu sehen. Archäologen haben hier Mauerreste und Artefakte ausgegraben, die ein kleines Museum präsentiert.

Unterhaltung pur in ...

Jamestown ist in der Region nicht der einzige Ort von Bedeutung für das koloniale Virginia und die spätere amerikanische Unabhängigkeit. Der Colonial Parkway verbindet auf 37 Kilometern Jamestown mit Colonial Williamsburg und Yorktown, die gemeinsam das historische Dreieck bilden. Williamsburg wurde zunächst als Teil von Jamestown gegründet, wuchs aber rasch und wurde 1699 die Hauptstadt der britischen Kolonie Virginia. Der Ort darf als Keimzelle der amerikanischen Revolution gesehen werden. Hier wirkten bereits die späteren Präsidenten George Washington und Thomas Jefferson, ebenso weitere prominente Gründerväter und Freiheitskämpfer wie der Marquis de Lafayette und Patrick Henry. Dessen Ausruf „Give me liberty, or give me death!“ kennt heute jedes Schulkind in den USA. Colonial Williamsburg ist ein Living-History-Museum mit vielen rekonstruierten historischen Gebäuden wie dem Kapitol und dem Gouverneurspalast. Es ist nicht zuletzt dem finanziellen Engagement der Rockefeller-Familie zu Beginn des letzten

... Colonial Williamsburg

Jahrhunderts zu verdanken, dass Colonial Williamsburg heute in solch kolonialer Pracht glänzt. Gäste können durch die Straßen bummeln, Geschäfte besuchen, Handwerkern bei der Arbeit zusehen, in Tavernen einkehren und mit den kostümierten Laiendarstellern der Persönlichkeiten von damals über die Politik des 18. Jahrhunderts diskutieren.

Die dritte Station des Colonial Parkway führt nach Yorktown und ins Jahr 1781. Nach der Unabhängigkeitserklärung von 1776 herrschte Krieg zwischen den Revolutionären und Großbritannien. Zu Land und zu Wasser belagerten französisch-amerikanische Truppen unter der Führung von Comte de Rochambeau und George Washington bei Yorktown 8500 britische Soldaten. Ihr General Charles Cornwallis erkannte die Ausweglosigkeit seiner

Der Governors Palace

Lage und unterzeichnete am 19. Oktober 1781 seine Kapitulation. Auch wenn es bis zum Jahr 1783 und dem Abkommen von Paris dauerte, bis Großbritannien die USA anerkannte, war die Schlacht von Yorktown – an der übrigens mehrere tausend deutsche Soldaten auf beiden Seiten beteiligt waren – die letzte und entscheidende im Unabhängigkeitskrieg. Neben dem damaligen Schlachtfeld informieren in Yorktown heute das American Revolution Museum und das Haus, in dem General Cornwallis wohnte, über die bedeutsamen Ereignisse von 1781.

Gartenbau im historischen Yorktown

INFO

Lage und Anfahrt: Es empfiehlt sich, das historische Dreieck in der Reihenfolge der zeitlichen Ereignisse aufzusuchen. Am schnellsten geht es von Norfolk nach Jamestown über die I-664 und I-64 in etwas mehr als einer Stunde. Mindestens zwei Stunden ist unterwegs, wer die kleinen Straßen südwestlich des James River nutzt und dann in Scotland mit der Jamestown-Scotland-Fähre übersetzt – ein Blick, wie sie ihn seinerzeit die englischen Siedler auf ihre neue Heimat hatten. Ab Jamestown folgt man dem Colonial Parkway nach Williamsburg und Yorktown.

Aktivitäten:

- Jamestown Settlement: täglich von 10 bis 16:30 Uhr geöffnet, das Museum mit kleinem Kino von 9 bis 17 Uhr, 18 USD Eintritt, Kombi-Tickets mit dem Museum in Yorktown oder Colonial Williamsburg erhältlich; 2110 Jamestown Road, Route 31 S, Williamsburg, VA 23185,

- Historic Jamestowne: täglich von 8:30 bis 16:30 Uhr geöffnet, Besucherzentrum von 9 bis 17 Uhr, 25 USD Eintritt; 1368 Colonial Parkway, Williamsburg, VA 23185, *historicjamestowne.org*
- Colonial Williamsburg: täglich geöffnet, Geschäfte und Sehenswürdigkeiten meist von 9 bis 17 Uhr (Restaurants auch danach zugänglich), zudem finden in den Abendstunden häufig Führungen und Veranstaltungen statt, Tagestickets kosten 45 USD; 101 Visitor Center Drive, Williamsburg, VA 23185, *colonialwilliamsburg.org*
- Der Außenbereich des Museums über die Amerikanische Revolution in Yorktown ist täglich von 10 bis 16:30 Uhr geöffnet, das Museum von 9 bis 17 Uhr, 16 USD Eintritt; 200 Water Street, Route 1020, Yorktown, VA 23690, *historyisfun.org/yorktown-victory-center*
- Yorktown Battlefield: täglich bis Sonnenuntergang geöffnet, Besucherzentrum von 9 bis 17 Uhr, kein Eintritt; 1000 Colonial Parkway, Yorktown, VA 23690, *nps.gov/york*
- Abwechslung zu so viel Historischem bietet der Vergnügungspark Busch Gardens Williamsburg: im Sommer täglich ab 10 Uhr geöffnet, Tagespässe ab 90 USD pro Person; 1 Busch Gardens Boulevard, Williamsburg, VA 23185, *buschgardens.com/Williamsburg*
- Weinfreunde statten gerne der Williamsburg Winery einen Besuch ab: Probierstube und Weinladen sind sonntags bis freitags ab 12 Uhr, samstags ab 11 Uhr geöffnet; 5800 Wessex Hundred, Williamsburg, VA 23185, *williamsburgwinery.com*

Unterkünfte:

- Direkt bei Colonial Williamsburg gibt es ein paar gute, teils geschichtsträchtige Hotels, von denen aus sich der historische Distrikt ganz bequem zu Fuß erkunden lässt; *colonialwilliamsburghotels.com*
- Die Williamsburg Winery verfügt auf ihrem Gelände mit dem Wedmore Place über eine eigene elegante Unterkunft.

Website: *nps.gov/colo*

46. Richmond: Stets gut für eine Überraschung

Tierhäute, Tabak und Pelze ließen die nach einem Londoner Vorort benannte Siedlung am James River schon im 17. Jahrhundert wirtschaftlich erblühen. 1788 löste sie Williamsburg als Hauptstadt von Virginia ab und avancierte im Bürgerkrieg sogar zur Hauptstadt der Konföderierten. Selbst nach dem verheerenden Brand von 1865 kam Richmond wieder schnell auf die Beine.

Beeindruckende Skyline am James River

Ägypten? Auf den ersten Blickt scheint es sich bei dem Gebäude an der Ecke College und E Marshall Street um einen altägyptischen Tempel zu handeln, der durch einen Fehler im Raum-Zeit-Kontinuum aus dem Reich der Pharaonen ins Richmond von heute gelangt ist. Doch die Fassade trügt: Es wurde erst 1845 nach historischen Vorbildern errichtet und war der Sitz der medizinischen Fakultät des Hampden-Sydney College. Damit ist das Egyptian Building ein prächtiges Beispiel dafür, warum es sich in Virginias Hauptstadt stets lohnt, die Augen offen zu halten. Die Chancen, etwas Neues oder Überraschendes zu entdecken, sind nicht gerade gering. Wer zum Beispiel den Kopf in den Nacken legt, kann auf einem Fabrikdach einen überlebensgroßen Vertreter der nordamerikanischen Urbevölkerung bemerken. Es handelt sich um Connecticut, das Maskottchen eines Baseballteams, der den Blick über den James River schweifen lässt. Vielleicht beobachtet er gerade Wassersportler, denn dank einiger Stromschnellen eignet sich der Fluss in Richmond hervorragend für abenteuerliche Kanufahrten und zum Rafting im Schlauchboot. Oder blickt er zum Museum zu Ehren von Edgar Allan Poe? Der Schriftsteller, neben Tennisspieler Arthur Ashe einer der bekanntesten Söhne der Stadt, lebte viele Jahre in Richmond, und das Museum soll eine der größten Poe-Sammlungen der Welt besitzen.

Museum für einen der legendärsten Gruselgeschichtenerzähler

Große Kunst im Virginia Museum of Fine Arts

Dank der Universität ist Richmond mit seinen mehr als 220.000 Einwohnern eine recht dynamische Stadt und birgt wahre Kulturschätze. Das Virginia Museum of Fine Arts ist, was nicht viele wissen, eines der größten Kunstmuseen der USA. Seine rund 40.000 Werke umfassende Sammlung kann mit denen der bekannteren Häuser mithalten. Zu den Highlights neben der amerikanischen Kunst gehören die umfangreiche Art-Nouveau-Kollektion sowie fünf Fabergé-Eier. Recht spektakulär sind zudem oftmals die Ausstellungen im Institute for Contemporary Art, das erst 2018 seine Pforten öffnete und seitdem zeitgenössischen Künstlern eine Plattform bietet. Selbst beim Spaziergang durch die Stadt springt immer wieder Kunstvolles ins Auge. Mehr als 100 große Wandgemälde sind entlang der Straßenzüge zu entdecken.

Dass Schönheit mitunter im Auge des Betrachters liegt, zeigt sich in einem der Außenbezirke von Richmond. Für den Bau des Markel Building (5310 Markel Road) ließ sich der Architekt von einer in Aluminiumfolie eingewickelten Kartoffel inspirieren. Das Ergebnis stieß auf wenig Gegenliebe und wurde 2009 zu einem der zehn scheußlichsten Gebäude der Welt gekürt – und dennoch 2017 als Kulturdenkmal ins National Register of Historic Places aufgenommen.

Bürgerkriegsgeschichte im American Civil War Museum

INFO

Lage und Anfahrt: Die Autofahrt vom historischen Dreieck nach Richmond über die I-64 dauert gut eine Stunde.

Aktivitäten:

- Rafting, Kajaken und Kanufahren auf dem James River: zum Beispiel mit RVA Paddlesports (drei Stunden Whitewater Rafting ab 65 USD; 1511 Brook Road, Richmond, VA 23220, *rvapaddlesports.com*) oder Riverside Outfitters (Kajaks ab 35 USD für zwei Stunden; 6836 Old Westham Road, Richmond, VA 23225, *riversideoutfitters.com*)
- The Poe Museum: dienstags bis samstags ab 10 Uhr, sonntags ab 11 Uhr geöffnet, 9 USD Eintritt; 1914 E Main Street, Richmond, VA 23223, *poemuseum.org*
- Virginia Museum of Fine Arts: täglich ab 10 Uhr geöffnet, freier Eintritt; 200 N Arthur Ashe Boulevard, Richmond, VA 23220, *vmfa.museum*
- Institute for Contemporary Art: dienstags bis sonntags von 10 bis 17 Uhr geöffnet, freier Eintritt; 601 W Broad Street, Richmond, VA 23220, *icavcu.org*
- American Civil War Museum: Amerikanischer Bürgerkrieg aus verschiedenen Blickwinkeln; täglich ab 10 Uhr geöffnet (abweichende Öffnungszeiten der Außenstellen), 16 USD Eintritt; 480 Tredegar Street, Richmond, VA 23219, *acwm.org*

Unterkünfte:

- Für historische Eleganz steht das Linden Row Inn mit seinen 70 Zimmern, in dessen Garten einst Edgar Allan Poe als Kind spielte; 100 E Franklin Street, Richmond, VA 23219, *lindenrowinn.com*
- Prunkvoll und opulent präsentiert sich The Jefferson von 1895. In den Marmorbecken hielt sich der Besitzer einst Alligatoren als Haustiere; 101 W Franklin Street, Richmond, VA 23220, *jeffersonhotel.com*

Restaurant:

- L'Opossum: Hochgenuss mit einer Prise Unterhaltung in flippigem Ambiente; 626 China Street, Richmond, VA 23220, *lopossum.com*

Website: *visitrichmondva.com*

47. Charlottesville: Zu Hause bei einem Universalgenie

An ihm führt in Charlottesville kein Weg vorbei: Thomas Jefferson. Er war Gouverneur von Virginia und amerikanischer Botschafter in Paris, er prägte maßgeblich die Unabhängigkeitserklärung und er agierte zunächst als Vizepräsident. 1801 wurde Jefferson dritter Präsident der noch jungen Vereinigten Staaten.

Jefferson Vineyards ist nur ein Vertreter der vielfältigen Weinkultur rund um Charlottesville.

Jefferson war ein aufgeklärter Geist. In seine Amtszeit als Präsident fielen unter anderem der Erwerb von Louisiana 1803 von Frankreich – ein Territorium westlich des Mississippi, das wesentlich größer war als der heutige gleichnamige Bundesstaat und heute rund ein Viertel der Fläche der USA ausmacht – sowie die berühmte Expedition von Lewis und Clarke 1804 bis 1806. Doch Jefferson war über die Politik hinaus sehr gebildet und an vielen Dingen interessiert. Beispielsweise brachte er aus Frankreich und dem Rheingau Weinstöcke nach Amerika, um auch westlich des Atlantiks den Weinbau zu kultivieren. Seine private Bibliothek diente als Grundstock für die Library of Congress (siehe Seite 26, Tipp 3). Darüber hinaus betätigte er sich als Architekt – dies sogar derart meisterhaft, dass gleich zwei seiner Bauten heute zum UNESCO-Welterbe gehören.

Das erste ist sein Wohnsitz in Charlottesville: Monticello. Viele hatten das Bauwerk bereits vor Augen, denn es ist auf den meisten 5-Cent-Münzen abgebildet. Jefferson errichtete Monticello ab 1768 im neoklassizistischen Stil auf seiner Plantage, wo er unter

Idyllische Lage: Monticello ist unbedingt einen Besuch wert.

anderem Tabak und Weizen anbaute. Seit 1809 gilt Monticello als vollendet, auch wenn sein Bauherr Zeit seines Lebens An- und Umbauten veranlasste. Das Gebäude ist gleichsam funktional wie ästhetisch schön, wobei die große achteckige Kuppel über der Westfassade jedem Besucher sofort ins Auge fällt. Mehr zu Monticello und den umliegenden Ländereien lässt sich im Rahmen verschiedener Themenführungen erfahren.

Auf Jeffersons Betreiben geht zudem die Gründung der University of Virginia in Charlottesville 1819 zurück, ebenfalls Bestandteil des von der UNESCO ausgezeichneten Welterbes. Hier war er in hohem Maße, wenngleich auch zusammen mit weiteren Architekten, an der Gestaltung des akademischen Dorfes beteiligt. Besonders markant ist der zentrale Rundbau mit seiner Kuppel.

Ins Studentenleben eintauchen

Vom Studieren bis zur Fernsehunterhaltung der 1970er-Jahre ist es von

Für Serien-Fans: Wohnhaus der Waltons

Charlottesville aus nur eine 45-minütige Autofahrt in Richtung Südwesten nach Schuyler: In dem Örtchen zu Füßen der Blue Ridge Mountains (siehe Seite 214, Tipp 50) ist ein Museum der TV-Serie „Die Waltons" gewidmet. Die über 200 Episoden spielen in der Zeit zwischen 1933 und 1946, sodass die Ausstellung entsprechend Gegenstände des Alltags aus jenen Jahren zeigt, wie sie Familien wie die Waltons einst besaßen. Auch sind mehrere Zimmer nach dem TV-Vorbild gestaltet.

Lohnenswert ist außerdem die Weiterfahrt in gleicher Richtung bis nach Lynchburg. In der Region besaß Thomas Jefferson mit Poplar Forest einen Rückzugsort zum Erholen. Außerdem wurde im Appomattox Court House am 9. April 1865 das Ende des Sezessionskrieges offiziell besiegelt.

Ausspannen à la Thomas Jefferson

INFO

Lage und Anfahrt: Charlottesville liegt 120 Kilometer nordwestlich von Richmond. Die Fahrt über die I-64 dauert rund 75 Minuten.

Aktivitäten:

- Monticello: Das Besucherzentrum ist täglich von 8:30 bis 17:30 Uhr geöffnet, verkürzte Öffnungszeiten im Winter, Führungen 40 USD, Besuch ohne Führung 32 USD; 931 Thomas Jefferson Parkway, Charlottesville, VA 22902, *monticello.org*
- Die University of Virginia steht auch nicht studierenden Besuchern offen; 190 McCormick Road, Charlottesville, VA 22903, *admission.virginia.edu/visitorinfo*
- Walton's Mountain Museum: an Wochenenden sowie im Sommer täglich ab 10 Uhr geöffnet, geschlossen von Dezember bis Februar, 10 USD Eintritt; 6484 Rockfish River Road, Schuyler, VA 22969, *walton-mountain.org*
- Thomas Jefferson's Poplar Forest: täglich ab 10 Uhr geöffnet, Führungen 18 USD; 1542 Bateman Bridge Road, Forest, VA 24551, *poplarforest.org*
- Appomattox Court House: täglich ab 9 Uhr geöffnet, freier Eintritt; 111 National Park Drive, Appomattox, VA 24522, *nps.gov/apco*

Restaurants:

- Burger und Bier erwarten die Gäste bei Jack Brown's Beer & Burger Joint. Die eigentliche Attraktion hängt an der Decke: der Büstenhalter-Kronleuchter; 109 2nd Street SE, Charlottesville, VA 22902
- Speisen in historischem Ambiente serviert Michie Tavern zwischen Charlottesville und Monticello; 683 Thomas Jefferson Parkway Charlottesville, VA 22902, *michietavern.com*
- Auf Carter Mountain Orchard genießt man Apple Cider Donuts bei herrlicher Aussicht, saisonale Öffnungszeiten; 1435 Carters Mountain Trail, Charlottesville, VA 22902, *chilesfamilyorchards.com/carter-mountain-orchard*

Website: *visitcharlottesville.org*

48. Roanoke: Die Berge rufen

Inmitten des Roanoke Valley und umgeben von den Blue Ridge Mountains liegt die größte Stadt im Südwesten von Virginia. Roanoke mit rund 100.000 Einwohnern blickt auf eine lange und geschichtsträchtige Vergangenheit zurück.

Fantastischer Blick vom Roanoke Star über die Stadt

Der Name des Ortes geht vermutlich auf den Stamm der Roanoke zurück, die im heutigen North Carolina unter anderem auf Roanoke Island lebten. Die ersten Siedler kamen im 18. und 19. Jahrhundert und gründeten Siedlungen wie Antwerp, Gainsborough und Old Lick, aus denen schließlich 1882 der heutige Ort hervorging. Wer den Blue Ridge Parkway (siehe Seite 214, Tipp 50) entlangfährt, kann Roanoke nicht verpassen.

Bis heute lebender Beweis für die Gründung durch die Siedler ist der City Market. Mitten auf dem historischen Market Square verkaufen Farmer ihre frischen Produkte. Der sehenswerte Markt findet seit 1882 statt. Nach einem Besuch bietet es sich an, durch die charmante Innenstadt zu schlendern und das Flair zu genießen. Umfassend über die facettenreiche Geschichte der Region informiert das History Museum of Western Virginia. Neben mehreren tausend Exponaten aus unterschiedlichen Epochen sind auch Dokumente von Präsident Thomas Jefferson ausgestellt. Ebenfalls direkt in der Innenstadt und nahe zum City Market lohnt das Taub-

Direkt von nebenan: frische Waren auf dem Farmers Market

man Museum of Art einen Besuch. Das moderne Gebäude aus Glas und Stahl steht im schroffen Kontrast zu den umliegenden historischen Gebäuden. Der eigenwillige Komplex stammt von Randall Stout, einem langjährigen Mitarbeiter des bekannten Architekten Frank Gehry. Das Haus ist überwiegend lokalen Künstlern aus der umliegenden Bergregion gewidmet. Einige Gehminuten weiter westlich liegt das Virginia Museum of Transportation – eine Hommage an längst vergangene Zeiten, als noch qualmende Dampfloks die Weiten des Landes erschlossen und Roanoke ein bedeutender Verkehrsknoten mehrerer Eisenbahnlinien war. Auch sind Diesellokomotiven, Straßenkreuzer, Trucks im Oldtimer-Alter sowie vieles mehr zu besichtigen. Zusätzlich zur sehenswerten Innenstadt und den Museen punktet Roanoke mit zahlreichen Festen, beispielsweise dem „Festival in the Park“, das üblicherweise am Memorial Day Ende Mai startet.

Kunst umhüllt von einem imposanten Glas-Stahl-Koloss

Aussichtspunkt Mill Mountain

Neben dem Sightseeing bietet sich ein kurzer Ausflug zum wohl bekanntesten Wahrzeichen der Stadt: dem Roanoke Star. Nachts ist der leuchtende, 27 Meter hohe Stern von Weitem sichtbar. Tagsüber ist der Mill Mountain ein beliebtes Ausflugsziel samt Panoramablick.

Überhaupt: Roanoke ist der Ausgangspunkt zu zahlreichen Outdoor-Aktivitäten in den umliegenden Bergen. Reisende, die ein bisschen Zeit mitbringen, sollten unbedingt Mount Rogers, mit 1746 Metern der höchste Berg in Virginia, ansteuern. Ob Wandern, Radfahren, Angeln oder Reiten: Die Mount Rogers National Recreation Area ist ein Paradies für aktive Urlauber und ein idealer Tagesausflug. Zusammen mit dem Jefferson National Forest und dem Natural Tunnel State Park gilt die Region als bestes Wandergebiet in ganz Virginia.

INFO

Lage und Anfahrt: Roanoke liegt im Südwesten Virginias nahe den Bundesstaaten West Virginia und North Carolina, rund 385 Kilometer südwestlich von Washington, DC. Von Charlottesville dauert die Anfahrt über die I-64 und I-81 etwa zwei Stunden. Auch wenn der Eisenbahnboom, der zum Wachstum der Stadt beitrug, längst vergangen ist, halten hier bis heute die Züge von Amtrak.

Aktivitäten:

- Historic Roanoke City Market: täglich von 8 bis 17 Uhr (sonntags bis dienstags teils weniger Händler vor Ort); Market Square SE, Roanoke, VA 24011, *downtownroanoke.org/explore/farmers-market*
- History Museum of Western Virginia: Dienstag bis Samstag von 10 bis 17 Uhr, Eintritt 6 USD; 101 Shenandoah Avenue NE, Roanoke, VA 24016, *vahistorymuseum.wordpress.com*
- Taubman Museum of Art: Freitag bis Sonntag von 10 bis 17 Uhr (sonntags ab 12 Uhr) geöffnet, freiere Eintritt; 110 Salem Avenue SE, Roanoke, VA 24011, *taubmanmuseum.org*
- Virginia Museum of Transportation: Mittwoch bis Sonntag zwischen 10 und 17 Uhr geöffnet (sonntags ab 13 Uhr), Eintritt 10 USD; 303 Norfolk Avenue SW, Roanoke, VA 24016, *vmt.org*
- Roanoke Star: überdimensionierter künstlicher Stern im Mill Mountain Park; 2000 J B Fishburn Parkway, Roanoke, VA 24013, *playroanoke.com/the-roanoke-star*
- Mount Rogers National Recreation Area: Schutzgebiet rund um den Mount Rogers, etwa 100 Meilen westlich von Roanoke; *fs.usda.gov/detail/gwj/specialplaces/?cid=stelprdb5302337*
- Miniatur-Graceland: Im Garten von Don und Kim Epperly stehen in Gedenken an Elvis Presley zahlreiche Miniaturbauten wie das Anwesen in Graceland oder sein Geburtshaus in Tupelo; 605 Riverland Road SE, Roanoke, VA 24014

Unterkünfte:

- Buchanan Railcar Inn: ein historischer Speisewagen von 1934 als Schlafquartier; 66 15th Street, Buchanan, VA 24066, *buchananrailcarinn.com*
- Depot Lodge: Glamping (komfortables Zelten) in den Bergen; 16071 VA-311, Paint Bank, VA 24131, *depotlodge.squarespace.com/glamping*

Website: *visitroanokeva.com*

49. Bristol: Zum Urknall der Country Music

Wer in den USA bei längeren Fahrten im Autoradio nach einem Sender sucht, kennt das Phänomen: Je ländlicher die Region, desto mehr Country Music dringt aus den Lautsprechern. Was dagegen nur Wenige wissen: Die Geburtsstätte der Country Music liegt im äußersten Südwesten von Virginia.

Es war im Sommer des Jahres 1927, als der Musikproduzent Ralph Peer nach Bristol an der Grenze zwischen Virginia und Tennessee kam. Im Gepäck hatte er ein Aufnahmegerät, mit dem er für die Victor Talking Machine Company – auch bekannt durch ihr markantes Logo, auf dem ein Hund vor einem Grammophon „His Master's Voice" lauscht – die ländliche, volkstümliche Musik der Appalachen und Blue Ridge Mountains aufnehmen wollte. Also suchte er Musiker zusammen, welche Hillbilly, Cowboy oder Oldtime Music spielten. So kamen zwischen dem 25. Juli und 5. August 1927 die ersten Aufnahmen von Künstlern wie der Carter Family oder Jimmy Rodgers zustande. Aber auch Musiker wie Ernest Stoneman, die zuvor schon Schallplatten aufgenommen hatten, wurden berücksichtigt. Auch wenn es den Begriff der Country Music damals noch nicht gab, legten diese Sessions in Bristol den Grundstein für ihren Durchbruch.

Bluegrass haben die Musiker hier einfach im Blut.

Entsprechend bezeichnet sich das Museum, das seit 2014 die Geschichte der Country Music in Bristol präsentiert, mit Stolz als „Birthplace of Country Music". Auf zwei Stockwerken können die Besucher neben Fotos, Plakaten, einigen Originalinstrumenten und Aufnahmegeräten bekannter Country-Größen vor allem zahlreiche Videoinstallationen erleben und sich an interaktiven Stationen zu schaffen machen. Das mehrfach prämierte Museum nennt mit Radio Bristol auch einen Radiosender sein Eigen, der bei WBCM auf der UKW-Frequenz 100,1 sowie im Internet zu hören ist.

Birthplace of Country Music Museum

Ein weiteres Muss auf den Spuren der Country Music in Bristol ist ein Stopp bei dem etwa zehn auf 30 Meter großen Wandgemälde zu Ehren der Bristol Sessions. Es ist in der Innenstadt direkt an der State Street zu sehen. Die Straße ist schon deshalb bemerkenswert, weil sie die offizielle Staatengrenze zwischen Virginia und Tennessee markiert. Alles, was sich nördlich von ihr befindet, gehört zu Virginia, während alles südlich Gelegene Teil von Tennessee ist.

Ein überdimensionales Wandgemälde erinnert an die Bristol Sessions 1927.

Musik im Floyd Country Store

Bristol in die Reiseroute durch die Capital Region USA zu integrieren, bedeutet, dass ein bis zwei Tage dafür eingeplant werden müssen, denn der Ort liegt ein ganzes Stück von Städten wie Roanoke oder Lynchburg entfernt. Sich diese Zeit zu nehmen, wird aber reich belohnt, insbesondere wenn man nicht nur die Interstate zur Anreise nutzt, sondern sich seinen Weg auf den kleinen Nebenstraßen durch wunderbare Wald- und Berglandschaften mit vielen kleinen Ortschaften bahnt. Ländliches Amerika von seiner allerschönsten Seite!

Wenn es in die Reiseplanung passt, sollte an einem Freitag das Städtchen Floyd auf dem Programm stehen. Im örtlichen Tante-Emma-Laden werden gegen Abend die Waren beiseitegeschoben, und es kommen Musiker aus Floyd und den Nachbardörfern, um gemeinsam mit Fiddels, Banjos und Gitarren zu jammen. Was es dabei zu hören gibt, hat in der Regel nichts mit der Mainstream-polierten Country Music der Charts zu tun, sondern erinnert ganz stark

Handgefertigte Musikinstrumente

an ihre Wurzeln und die Sessions seinerzeit in Bristol. Die Friday Night Jamborees im Floyd Country Store sind bei den Einheimischen mittlerweile so beliebt, dass im Sommer auch benachbarte Geschäfte mitziehen.

INFO

Lage und Anfahrt: Für die 240 Kilometer Anfahrt von Roanoke nach Bristol im Südwesten von Virginia über die I-81 sollten zweieinhalb bis drei Stunden veranschlagt werden. Bei Abstechern über Land kommen schnell weitere Stunden hinzu.

Aktivitäten:

- Das Birthplace of Country Music Museum ist dienstags bis samstags von 10 bis 18 Uhr, an Sonntagen von 13 bis 17 Uhr geöffnet, 13 USD Eintritt; 101 Country Music Way, Bristol, VA 24201, *birthplaceofcountrymusic.org*
- Der Floyd Country Store ist regulär dienstags bis freitags ab 11 Uhr, an Wochenenden ab 10 Uhr geöffnet. Die Friday Night Jamborees finden jeden Freitag von 18:30 Uhr bis ca. 22:30 Uhr statt (mittlerweile gibt es auch samstags und sonntags oft Konzerte), ab 8 USD Eintritt; 206 South Locust Street, Floyd, VA 24091, *floydcountrystore.com*
- Ebenfalls interessant für Livemusik von Country bis Bluegrass ist die ehemalige Virginia-Kentucky-Opry, heute Park Avenue Theater; 722 Park Avenue NW, Norton, VA 24273, *parkavenuetheater.com*
- Musiker, die Country-Instrumente suchen, finden in Barr's Fiddle Shop eine gute Adresse; 105 South Main Street, Galax, VA 24333, *barrsfiddleshop.com*

Unterkunft:

- Stilecht lässt es sich im 2020 eröffneten The Sessions Hotel nächtigen. Das aus drei historischen Backsteingebäuden bestehende Haus besitzt auch Musikbühnen; 833 State Street, Bristol, VA 24201, *sessionshotel.com*

Websites:

- *discoverbristol.org*
- *bristolva.org*

50. Durch die Blue Ridge Mountains auf Amerikas Lieblingsstrecke

Wenn der Dunst aus den Tälern hinaufsteigt, machen die „blauen Berge" von Virginia ihrem Namen alle Ehre: Dann erscheinen die Gipfel in anmutendem, bläulichem Licht. Der 755 Kilometer lange Blue Ridge Parkway führt entlang der Bergkette der Appalachen zu zahlreichen Attraktionen und zählt zu den beliebtesten Panoramarouten der Amerikaner.

Der Blue Ridge Parkway entstand ab 1935. Er sollte einerseits die Region zwischen dem Shenandoah National Park im Norden (siehe Seite 220, Tipp 51) und dem Great Smoky Mountains National Park in North Carolina touristisch besser erschließen und zugleich neue Arbeitsplätze in der Wirtschaftskrise der 1930er-Jahre schaffen. Offiziell erst 1987 fertiggestellt, ist die Panoramastraße, auch Scenic Byway genannt (siehe Seite 248, Tipp 57), heute mit jährlich rund 15 Millionen Besuchern das beliebteste Ziel innerhalb des US-Nationalparksystems.

Ein Aussichtspunkt schöner als der andere

Natural Bridge – ein wahres Naturspektakel

Roanoke (siehe Seite 206, Tipp 48) ist ein perfekter Ausgangspunkt für eine Tour durch die Blue Ridge Mountains. Südlich der Stadt lohnt ein Halt an der Mabry Mill: Die Anfang des 20. Jahrhunderts errichtete Mühle zählt zu den eindrucksvollsten Zeugnissen der Besiedlung der Region – und zu den beliebtesten Fotomotiven entlang des Blue Ridge Parkway. Das Restaurant ist weithin für Pancakes und Bauernschinken bekannt. Ein kurzer Spazierweg auf dem Mabry Mill Trail führt rund um das Anwesen, das zwischenzeitlich um die Matthew's Cabin ergänzt wurde. Diese historische Hütte stand ursprünglich woanders, wurde dann hierhin umgezogen und macht das malerische Ambiente perfekt. Heute wird sie für kulturelle Veranstaltungen und Vorträge von Rangern genutzt. Ebenso legendär wie die Mabry Mill ist das Blue Ridge Music Center. Hier finden regelmäßig – inmitten der herrlichen Berglandschaft – Konzerte statt.

Die Mabry Mill ist ein begehrter Haltepunkt entlang des Blue Ridge Parkway.

Humpback Rock: Da lohnt sich der Aufstieg.

Knapp zwei Fahrstunden weiter nördlich bietet sich die Natural Bridge für einen weiteren Stopp an. Mit einer Spannweite von 30 Metern etwa 65 Meter über dem Cedar Creek gilt sie als eine der weltweit größten natürlichen Brücken. Der spätere erste US-Präsident George Washington soll den Kalksteinbogen 1750 vermessen haben. Thomas Jefferson war so beeindruckt von der natürlichen Schönheit, dass er die Natural Bridge und das umliegende Areal im Jahr 1774 dem englischen König Georg III abkaufte. Ein Spaziergang zur Steinbrücke lässt sich gut mit einem Besuch der Caverns at Natural Bridge, den tiefsten Höhlen an der US-Ostküste, verbinden.

Entlang der gesamten Strecke können Reisende zahlreiche kurze wie längere Wanderungen entdecken, die beispielsweise zu Aussichtspunkten oder Wasserfällen führen. Beliebt ist vor allem der etwa sechs Kilometer lange Rundweg samt Aufstieg auf die Humpback Rocks. Der unvergessliche Ausblick auf das Shenandoah Valley entschädigt für die Mühen auf dem Abschnitt, der zum legendären Weitwanderweg Appalachian Trail zählt. Wer sich für das Leben der Pioniere interessiert, besucht das Freilichtmuseum am Humpback Rocks Visitors Center.

Zu den wichtigsten Orten in den Blue Ridge Mountains zählt das 1801 gegründete Staunton im Shenandoah Valley, gelegen am nördlichen Ende der Ferienstraße. Die Stadt mit etwa 25.000 Einwohnern ist vor allem als Geburtsort von Woodrow Wilson, 28. Präsident der USA, bekannt. Reisende können die Woodrow Wilson Presidential Library and Museum besichtigen. Ein Rundgang führt beispielsweise zu seinem Geburtshaus und seiner Präsidentenlimousine. Ebenfalls einen spannenden Einblick in die Geschichte Amerikas ermöglicht das Frontier Culture Museum: Es erzählt die Besiedlung des Landes durch die Einwanderer und afrikanischen Sklaven. An die rund 120.000 Einwanderer aus Deutschland, die zwischen 1683 und 1776 in der Neuen Welt eintrafen, erinnert ein Gehöft auf dem weitläufigen Areal des Freilichtmuseums – daneben finden sich auch historische Farmgebäu-

Staunton: wundervolle Kulisse am Fuße der Blue Ridge Mountains

de aus Irland und England, während andere Bauten auf die indigene Bevölkerung Amerika und Afrikas verweisen. Kulturinteressierte zieht es indes ins American Shakespeare Center. Das große Ausstellungshaus und Theater wurde 2001 eröffnet und beinhaltet mit dem Blackfriars Playhouse nach eigenen Angaben den weltweit einzigen Nachbau von Shakespeares Zimmertheater. Regelmäßig werden Stücke des berühmten Dramatikers und Schauspielers aufgeführt.

Bitte Platz nehmen für eine Aufführung im American Shakespeare Center.

INFO

Lage und Anfahrt: Die Blue Ridge Mountains als Teil der Appalachen ziehen sich über viele hundert Kilometer durch die östlichen US-Bundesstaaten. Der Blue Ridge Parkway führt direkt südöstlich von Roanoke vorbei; über die US-220 in Höhe der kleinen Ortschaft Narrows auf die Panoramastraße fahren.

Aktivitäten:

- Blue Ridge Parkway: Die Traumstraße schlängelt sich zu den schönsten Plätzen. Von North Carolina führt sie nordwärts bis zum Skyline Drive im Shenandoah National Park (Seite 220, Tipp 51) und bietet Reisenden zahlreiche Attraktionen, Outdoor-Erlebnisse und Übernachtungsmöglichkeit; *blueridgeparkway.org*
- Mabry Mill: historische Mühle mit gutem Restaurant; 266 Mabry Mill Road SE, Meadows of Dan, VA 24120, *mabrymillrestaurant.com*
- Blue Ridge Music Center: 700 Foothills Road, Galax, VA 24333, *blueridgemusiccenter.org*
- Natural Bridge State Park: ganzjährig zugänglich, Eintritt 9 USD; 6477 S Lee Highway, Natural Bridge, VA 24578, *dcr.virginia.gov/state-parks/natural-bridge*
- Woodrow Wilson Presidential Library and Museum: täglich 10 bis 17 Uhr geöffnet (sonntags ab 12 Uhr), Eintritt 15 USD; 20 N Coalter Street, Staunton, VA 2440, *woodrowwilson.org*
- Frontier Culture Museum: kann täglich von 9 bis 17 Uhr (Winter: bis 16 Uhr) besichtigt werden, März/April teilweise geschlossen, Eintritt 12 USD; 1290 Richmond Avenue, Staunton, VA 2440, *frontiermuseum.org*
- American Shakespeare Center: 10 S Market Street, Staunton, VA 24401, *americanshakespearecenter.com*
- Camera Heritage Museum: größte Ausstellung an Kameras in den USA mit mehr als 6500 Exponaten, Montag bis Freitag von 9 bis 16 Uhr sowie samstags 9 bis 12 Uhr geöffnet, Spende erbeten; 1 W Beverley Street, Staunton, VA 24401, *cameraheritagemuseum.com*

Unterkunft:

- Das Hotel 24 South in Staunton wurde 1924 als Stonewall Jackson Hotel gebaut, 2005 restauriert und 2018 nach einer stilvollen Renovierung wiedereröffnet; 24 South Market Street, Staunton, VA 24401, *hotel24south.com*

51. Shenandoah National Park: Wildnis mit Schwarzbären

Am Nordende des Blue Ridge Parkway schließt sich fast nahtlos der Shenandoah National Park an. Die Pracht der legendären amerikanischen Laubfärbung lässt sich hier besonders gut erleben. Das Natur- und Outdoor-Paradies kann übrigens nicht nur als Zwischenstopp auf einem Roadtrip, sondern auch als Tagesausflug von Washington, DC erkundet werden. Im Nationalpark befinden sich Besucher gerade einmal 120 Kilometer vom Weißen Haus entfernt.

Doyle River Falls im Shenandoah National Park

Den Höhepunkt des herbstlichen Farbenrauschs erleben Reisende meist in der zweiten Oktoberhälfte. Dann erstrahlen die Blätter der Eichen und Birken glänzend gelb, rot und gold – ein Naturschauspiel, wie man es sich schöner nicht vorstellen könnte. Doch auch in allen anderen Jahreszeiten lohnt ein Abstecher in den Nationalpark. Im Sommer lockt die Pracht der Wildblumen, beispielsweise mit Azaleen und Kardinalblumen. Insgesamt zählt man im Park mehr als 1500 Pflanzen- und Baumarten. Dazu begeistert die reiche Tierwelt: Neben Hirschen und Luchsen lassen sich mit dem entsprechenden Glück auch Schwarzbären beobachten.

Herausforderungen für Kletterer

Besucher erkunden das Schutzgebiet mit seinen weiten Tälern, Hügeln und Steinformationen auf dem Skyline Drive, der einzig öffentlichen Straße im Park. Die 170 Kilometer lange Strecke zieht sich entlang des Bergkamms auf etwa 1000 Höhenmetern und zählt zu den eindrucksvollsten und bekanntesten Routen im gesamten Land – quasi so etwas wie der California Highway 1 der Ostküste. Der Skyline Drive führt durch die nördlichen Blue Ridge Mountains, ein Teil des langgestreckten Gebirgszugs der Appalachen, und passiert zahlreiche Aussichtspunkte und Wanderwege. Zu den Highlights zählt die etwa zehn Kilometer lange Tour zu den Overall Run Falls – mit rund 30 Metern die höchsten Wasserfälle des Nationalparks, kombiniert mit einem unvergesslichen Ausblick. Insgesamt durchziehen mehrere hundert Kilometer Wanderwege den Park: von kurzen Strecken bis hin zu siebenstündigen Touren.

Wem es zu Fuß zu beschwerlich ist, steigt aufs Pferd um.

Abkühlung gefällig? Ein erfrischender Besuch in den Luray Caverns

Eine Fahrt über den Skyline Drive durch den Shenandoah National Park lässt sich gut mit einem Abstecher zu den Luray Caverns verbinden. Sie zählen zu den größten und schönsten Höhlensystemen an der US-Ostküste. Die weitläufigen Höhlen wurden 1878 entdeckt und sind teils zehn Stockwerke tief, der befestigte Weg führt auch an kleinen Wasserpools vorbei. Berühmt sind die Luray Caverns nicht nur für ihre Größe und Schönheit der Stalaktiten und Stalagmiten, sondern auch für das größte Musikinstrument der Welt: Eine unterirdische, in den 1950er-Jahren installierte elektronische Orgel lässt die Stalaktiten klingen, statt klassischerweise Pfeifen zu nutzen – so wird jeder Rundgang zu einem kleinen Konzert in der Tropfsteinhöhle.

Beeindruckende Spiegelung in den unterirdischen Seen

INFO

Lage und Anfahrt: Wer von Roanoke (siehe Seite 206, Tipp 48) kommt, folgt für etwa 90 Minuten der I-85 zum Südeingang Rockfish Gap (282 Skyline Drive, Waynesboro, VA 22980). Der Nationalpark liegt zwei Stunden westlich der US-Hauptstadt, von dort über die I-66 W, VA-55 W und 340 (auch Stonewall Jackson Highway genannt) zum Nordeingang (21073 Skyline Drive, Front Royal, VA 22630) beim kleinen Örtchen Front Royal.

Aktivitäten:

- Shenandoah National Park: Besucher zahlen 30 USD Eintritt (für Fahrzeuge mit maximal 15 Personen), sofern sie nicht den landesweit gültigen Nationalpark-Pass „America the Beautiful" besitzen. Der Park ist ganzjährig geöffnet, dagegen sind die meisten Einrichtungen mit Ausnahme des Byrd Visitor Center zwischen Dezember und März geschlossen. Im Park liegen mehrere Lodges und Campingplätze. Reitausflüge und Wanderungen zählen zu den beliebtesten Aktivitäten, *nps.gov/shen/planyourvisit/eatingsleeping.htm*
- Skyline Drive: Die Panoramaroute führt über 170 Kilometer über teils schmale Straßen durch den Park. Die Höchstgeschwindigkeit liegt bei 35 Meilen pro Stunde. Alle Attraktionen sind mit sogenannten Mile-Markern markiert – mit Mile 0 im Norden, Mile 105 im Süden. Wer die sehenswerte Panoramastraße richtig genießen möchte, bleibt besser zwei Tage.
- Luray Caverns: Das Höhlensystem liegt etwa zehn Autominuten vom Skyline Drive entfernt. Im Eintrittspreis von 32 USD pro Erwachsenem ist der Besuch des Shenandoah Heritage Village samt Oldtimer- und Spielzeug-Museum inbegriffen. Hinweis: Die Temperatur im Inneren beträgt etwa zwölf Grad Celsius; 101 Cave Hill Road, Luray, VA 22835, *luraycaverns.com*

Website: *nps.gov/shen*

Erholung und Geschichte nahe DC

Malerische Landschaften laden zum Entspannen ein.

Erholung und Geschichte nahe DC

52. Fredericksburg: Unterwegs auf historischen Spuren
53. Solomons: Traditionelles Fischerdorf, einzigartiger Leuchtturm
54. Occoquan: Von der Mühlenstadt zum Geheimtipp für Erholungssuchende
55. Loudoun County: Weinland und Hochburg des Pferdesports

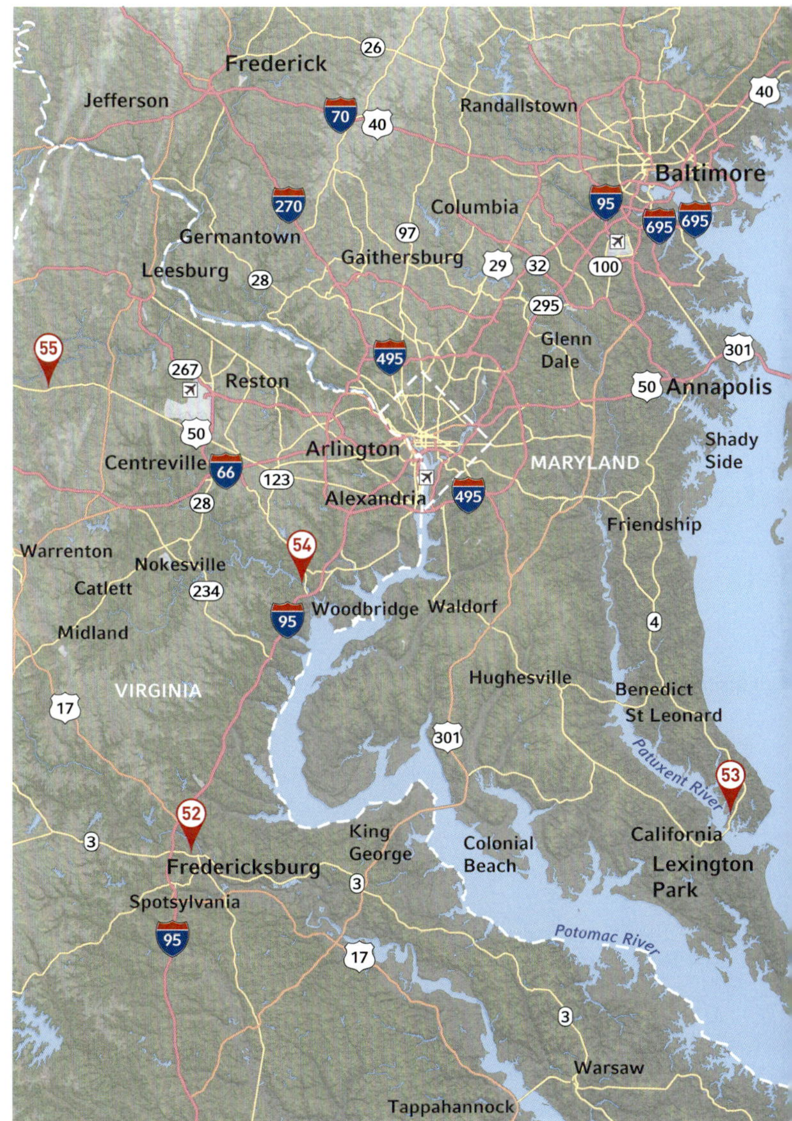
Frederick
Jefferson
Randallstown
Baltimore
Columbia
Germantown
Gaithersburg
Leesburg
Glenn Dale
Reston
Annapolis
Arlington
Centreville
Shady Side
MARYLAND
Alexandria
Friendship
Warrenton
Nokesville
Catlett
Woodbridge
Waldorf
Midland
VIRGINIA
Hughesville
Benedict
St Leonard
Patuxent River
California
King George
Colonial Beach
Lexington Park
Fredericksburg
Spotsylvania
Potomac River
Warsaw
Tappahannock
55
54
53
52

52. Fredericksburg: Unterwegs auf historischen Spuren

Gleich doppelt lohnt sich ein Besuch von Fredericksburg. Der 28.000-Einwohner-Ort gilt als einer der schönsten in ganz Amerika und wurde 1999 beim Ranking der lebenswertesten Kleinstädte auf Platz 23 von 1268 gekürt – vor allen anderen sogenannten Small Citys in Virginia. Zugleich wandeln Reisende hier auf den Spuren der Gründungsphase der Vereinigten Staaten.

Die Ursprünge der Stadt gehen auf ein Fort aus dem Jahr 1676 zurück. Ab 1714 siedelten deutsche Auswanderer in der Nähe. 1728 schließlich wurde Fredericksburg zum Hafen ernannt – an diese Zeit erinnern die prächtigen Gebäude aus dem 18. und 19. Jahrhundert entlang des Rappahannock River. Der Name der Stadt verweist auf Frederick, Prince of Wales, Sohn des britischen Königs Georg II. Im Bürgerkrieg zwischen 1862 und 1864 wechselte gleich mehrfach die Herrschaft; zudem wurde der Ort von den Unionstruppen bombardiert und geplündert.

Die bezaubernde Innenstadt lädt zum Flanieren ...

... und Dinieren ein.

Heute kommen internationale Besucher in erster Linie nach Fredericksburg, um mehr über die Familiengeschichte von George Washington zu erfahren. Ein Spaziergang führt zu mehreren Stationen: Als Ausgangspunkt bietet sich Kenmore Mansion an. Das Backsteingebäude wurde von seiner Schwester Betty Washington Lewis und ihrem Ehemann Fielding Lewis errichtet. Die Decken aus Stuck sowie Möbel und Accessoires aus dem 18. Jahrhundert spiegeln den Reichtum der Kaufmannsfamilie wider, den noch heutige Besucher bei Führungen erleben können. Nach etwa fünf Gehminuten wiederum ist das Mary Washington House erreicht: George Washington erwarb das Holzhaus im Jahr 1772 für seine Mutter Mary Ball Washington, damit sie nahe bei ihrer Tochter leben konnte. Seit 1931 ist das Gebäude öffentlich zugänglich. Nicht weit entfernt liegt die Rising Sun Tavern, die um 1760 Washingtons jüngster Bruder Charles errichtet hatte. Ab 1782 war

Umgeben von wunderschönen Gärten: Kenmore Mansion

Ehemals Gasthof, heute Museum: Rising Sun Tavern

sie eine beliebte Gaststätte. Heute ist das Haus ein Museum, ein Großteil der Ausstattung ist original erhalten. Von hier sind es etwa 30 Gehminuten zur Ferry Farm: Der Nachbau des Hauses, in dem der spätere Präsident seine Kindheit ab dem sechsten Lebensjahr verbracht hatte, kann auf geführten Touren besichtigt werden.

Unter den zahlreichen weiteren historischen Gebäuden der Stadt lohnen sich noch zwei weitere für einen Abstecher: Der Hugh Mercer Apothecary Shop war einst eine Apotheke, in der auch die Mutter des Präsidenten Kundin war. Heute beherbergt es eine kleine sehenswerte Schau zu historischen Arzneimitteln und Medizinprodukten. An das Leben und Wirken von James Monroe, fünfter US-Präsident zwischen 1817 und 1825, erinnert wiederum das James Monroe Museum.

Einfach und bequem: Trolley-Tour durch Fredericksburg

Wer die Innenstadt, die sich über 40 Blocks erstreckt, nicht zu Fuß erkunden möchte, steigt in eine Pferdekutsche um – quasi passend zur Zeit George Washingtons. Angeboten werden unterschiedliche Touren, beispielsweise inkl. Abstecher zum Fredericksburg Battlefield (Schlachtfeld aus dem Bürgerkrieg) oder zu speziellen Themen („Hexen, Geister, Diebe, Mörder“).

INFO

Lage und Anfahrt: Fredericksburg befindet sich etwa in der Mitte zwischen Washington, DC und Richmond, der Hauptstadt Virginias, die Anfahrt über die I-95 dauert eine gute Stunde. Zwischen 90 und 120 Minuten sollte einplanen, wer vom Shenandoah National Park nach Fredericksburg fährt. Dank der Amtrak-Anbindung bietet sich auch ein Tagesausflug ab Washington, DC an (Fahrtzeit ab Union Station rund eine Stunde).

Aktivitäten:

- Kenmore Mansion: von März bis Dezember jeweils Donnerstag bis Montag von 10 bis 16/17 Uhr geöffnet (sonntags ab 12 Uhr), Touren kosten 12 USD; 1201 Washington Avenue, Fredericksburg, VA 22401, *kenmore.org/visit-kenmore*
- Mary Washington House/Rising Sun Tavern/Hugh Mercer Apothecary Shop: Alle drei Attraktionen sind Mittwoch bis Montag von 10 bis 16 Uhr (sonntags ab 12 Uhr) geöffnet. Der Eintritt beträgt jeweils 7 USD, das Kombiticket (Heritage Pass) kostet 18 USD; Mary Washington House: 1200 Charles Street, Rising Sun Tavern: 1304 Caroline Street, Hugh Mercer Apothecary Shop: 1020 Caroline Street (alle in Fredericksburg, VA 22401), *washingtonheritagemuseums.org*
- Ferry Farm: Besichtigungen sind März bis Dezember möglich, täglich 10 bis 17 Uhr (November und Dezember nur bis 16 Uhr, sonntags ab 12 Uhr). Besichtigungen kosten 12 USD (Eintritt nur zu den Außenanlagen: 9 USD); 268 Kings Highway, Fredericksburg, VA 22405, *kenmore.org/visit-ferry-farm*
- Olde Towne Carriages: Kutschfahrten ab 45 Minuten Dauer (ab 22 USD) starten am Fredericksburg Visitor Center; 706 Caroline Street, Fredericksburg, VA 22401, *oldetownecarriages.com*
- Trolley Tours: Rundfahrten kosten ab 25 USD und beginnen ebenfalls am Fredericksburg Visitor Center; *fredericksburgtrolley.com*

Website: *visitfred.com*

53. SOLOMONS: TRADITIONELLES FISCHERDORF, EINZIGARTIGER LEUCHTTURM

Das fotogene Wahrzeichen der Stadt ist nicht zu übersehen: Auf Stelzen thront das Drum Point Lighthouse in einer Bucht im ohnehin schönen und weitläufigen Hafen. Das maritime Idyll namens Solomons liegt an der Mündung des Patuxent River in die Chesapeake Bay, gerade einmal rund 90 Autominuten südöstlich von Washington, DC.

Es gibt viel Spannendes zu lernen.

Der markante, im Jahr 1883 errichtete Leuchtturm stand einst direkt an der Flussmündung des Patuxent River und ist seit 1975 Teil des Calvert Marine Museum. Das Drum Point Lighthouse zählt zu den wenigen noch bestehenden sogenannten Screw-Pile Lighthouses an der Chesapeake Bay. Anders als üblich, sind es keine schmalen hohen Steinbauten, sondern Konstruktionen auf Stelzen. Mehr als 40 dieser Leuchttürme wiesen einst den Seefahrern den Weg. Sie wurden im 19. Jahrhundert errichtet, als die Seefahrt boomte. Diese einzigartigen Leuchttürme konnten preiswert und zügig gebaut werden, wenngleich sie wenig robust waren. Heute stehen nur noch wenige dieser sogenannten

Das mehr als zehn Meter große restaurierte Skelett eines Otodus Megalodon ist das Highlight im Calvert Marine Museum.

„Schraubpfahl-Leuchttürme“, die Mehrzahl wurde in den 1960er-Jahren demontiert.

Das Drum Point Lighthouse gilt als wichtigstes Ausstellungsstück des Calvert Marine Museum. Darüber hinaus ist das Museum für seine Sammlung alter Holzboote bekannt. Zwischen Mai und Oktober werden zudem Rundfahrten mit historischen Fischerbooten angeboten. Eine Holzpromenade namens Marsh Walk führt zu einem natürlichen Salzwassersee: Hier lassen sich je nach Tages- und Jahreszeit unterschiedlichste Tiere beobachten, beispielsweise Kormorane, Schildkröten und Eisvögel. Auch Spuren von Waschbären und Opossums sind zuweilen zu entdecken. Nicht zuletzt auch dank einer früheren Austernfabrik, die ebenfalls Teil des Museums ist, erleben Besucher einen sehenswerten Querschnitt durch die Vergangenheit. Im Anschluss sorgt ein Spaziergang entlang der Strandpromenade bis hin zum Pier und einigen Geschäften für Abwechslung. Gesäumt ist der Ort von zahlreichen Marinas mit teils opulenten Booten. Restaurants und Cafés bieten sich für entspannte Pausen mit Blick aufs Wasser an.

Natur trifft auf Kunst im Skulpturengarten.

Nach einem Besuch der Innenstadt sollten sich Reisende Zeit für zwei Ausflüge nehmen, wie sie nicht gegensätzlicher sein könnten: Das Annmarie Sculpture Garden & Arts Center ist ein einzigartiger Skulpturengarten. Inmitten eines großen Parks sind zahlreiche Werke angesehener Bildhauer und Künstler ausgestellt. Selbst wer sich nicht allzu sehr für Kunst interessiert, sollte sich die Zeit nehmen und durch die Gartenanlage schlendern. Massive Klippen hingegen dominieren den Calvert Cliffs State Park. Sie entstanden vor rund zehn bis 20 Millionen Jahren, als das südliche Maryland von einem warmen, flachen Meer bedeckt war. Als sich dieses zurückzog, wurden die Klippen freigelegt und begannen zu erodieren. Heute sind hier die Überreste prähistorischer Tierarten zu sehen, darunter Haie, Wale, Rochen und Seevögel. Die Klippen ziehen sich rund 30 Kilometer entlang des Ufers der Chesapeake Bay. Sie sind ein ideales Ziel für einen Strandausflug oder Wanderungen auf den markierten Wegen.

Die Klippen des Calvert Cliffs State Park

INFO

Lage und Anfahrt: Solomons liegt auf einer Landzunge nahe der Mündung des Patuxent River in die Chesapeake Bay. Von Fredericksburg aus dauert die Fahrt über die kleinen Straßen (VA-3, VA-206, US-301, MD-234 und MD-4) gute 90 Minuten. Ähnlich lang ist es von Washington, DC oder Annapolis.

Aktivitäten:

- Calvert Marine Museum: täglich von 10 bis 17 Uhr geöffnet, Eintritt 9 USD; einstündige Bootsfahrten kosten 7 USD. Die ehemalige und etwas abseits gelegene Austernfabrik ist von Juni bis August täglich sowie an den Wochenenden im Mai und September kostenlos zugänglich; 14200 Solomons Island Road S, Solomons, MD 20688, *calvertmarinemuseum.com*
- Annmarie Sculpture Garden & Arts Center: Eintritt frei, aber Spende von 5 USD erbeten, täglich von 10 bis 17 Uhr (freitags bis 19 Uhr) geöffnet; 13470 Dowell Road, Solomons, MD 20688, *annmariegarden.org*
- Calvert Cliffs State Park: rund 15 Minuten nördlich der Stadt gelegen, Eintritt 5 USD pro Fahrzeug plus 2 USD pro Person (nur Bargeld); 10540 H G Trueman Road, Lusby, MD 20657, *dnr.maryland.gov/publiclands/Pages/southern/calvertcliffs.aspx*

Restaurant:

- Tiki Bar Solomons: weitläufige Open-Air-Bar, Südsee-Feeling mit Sand, Liegestühlen und Steinstatuen, die den berühmten Figuren auf der Osterinsel nachempfunden sind; 85 Charles Street, Solomons, MD 20688, *tikibarsolomons.com*

Unterkunft:

- Solomons Victorian Inn: historisches Bed & Breakfast an der Chesapeake Bay; 125 Charles Street Solomons, MD 20688, *solomonsvictorianinn.com*

Websites:

- *solomonsmaryland.com*
- *choosecalvert.com*

54. Occoquan: Von der Mühlenstadt zum Geheimtipp für Erholungssuchende

Das pittoreske Städtchen fällt sofort auf: Mit etwas mehr als 1000 Einwohnern ist es klein, aber die historischen Häuser, die 80 lokalen, familiengeführten Shops und Restaurants sowie der Occoquan River machen es zu einem beliebten Ausflugsziel.

Die Innenstadt von Occoquan zählt zu den ...

Der etwas schwer auszusprechende Name der Stadt ist von einem Wort der damals hier lebenden Ureinwohner abgeleitet und bedeutet so viel wie „am Ende des Wassers". Durch die Lage am Fluss war Occoquan prädestiniert für den Handel und entwickelte sich 1765 zu einer blühenden Industriesiedlung, in der mit der Merchant's Mill die erste automatisch betriebene Schrotmühle des Landes zu finden war. 175 Jahre Betrieb hatte die Mühle auf dem Buckel, bevor ein Feuer vieles zerstörte. Was übrig blieb, wurde zum Mill House Museum umgebaut, das heute über 400 Artefakte und Fotografien aus der aktiven Zeit zeigt. Was ebenfalls den Charme des Städtchens ausmacht, sind die vielen kleinen Lokale, Geschäfte und Künstlerateliers. Vom Wasser – beispielsweise mit einem Kajak – oder von der Fußgängerbrücke Nathaniel Elicot Bridge eröffnet sich ein wundervoller Blick auf die malerische Szenerie.

... ausgewiesenen Historic Districts in den USA.

Auch der Amerikanische Bürgerkrieg spielte hier eine besondere Rolle. Das Postamt in

Occoquan beförderte damals Briefe und Pakete zwischen Nord und Süd. Wer tiefer in die Bürgerkriegsgeschichte eintauchen möchte, besucht das circa 30 Minuten entfernt liegende Manassas National Battlefield. Dort trafen 1861 die Konföderierten und die Unionsarmee in der Schlacht am Bull Run das erste Mal aufeinander.

Manassas National Battlefield

INFO

Lage und Anfahrt: Occoquan liegt im Norden von Virginia am Occoquan River. Von Fredericksburg geht es über die I-95 (Ausfahrt 160B) in etwa 35 Minuten zu diesem pittoresken Städtchen. Washington, DC ist gut 30 Kilometer entfernt.

Aktivitäten:

- Mill House Museum: täglich geöffnet von 11 bis 16 Uhr, freier Eintritt; 413 Mill Street, Occoquan Historic District, VA 22125, *occoquanhistoricalsociety.org*
- Manassas National Battlefield Park: täglich von Sonnenauf- bis Sonnenuntergang, freier Eintritt; 6511 Sudley Road, Manassas, VA 20109, *nps.gov/mana*

Restaurants:

- Cook and Bowl: bekannt für frische Muscheln und mehr als 60 belgische Biersorten; 302 Poplar Alley, Occoquan, VA 22125, *cockandbowl.com*
- Mom's Apple Pie: frisch gebackene Pies – angeblich mit die besten im ganzen Bundesstaat; 126A Commerce Street, Occoquan, VA 22125, *momsapplepieco.com*

Unterkunft:

- The Inn at Evergreen: Herrenhaus aus der Zeit des Bürgerkriegs (National Register of Historic Places) mit elf liebevoll eingerichteten Zimmern; 15890 Berkeley Drive, Haymarket, VA 20169, *innatevergreen.com*

Website: *visitoccoquanva.com*

55. Loudoun County: Weinland und Hochburg des Pferdesports

Bevor es wieder vom Washington Dulles International Airport, der sich in Loudoun County befindet, in Richtung Heimat geht, ist in DC's Wine Country nochmals Entspannung angesagt – ob bei einem Glas Wein, auf dem Rücken eines Pferdes oder im Luxus-Resort.

Entspannen und genießen auf den ...

... zahlreichen Weingütern

Middleburg: Wo auch schon die First Lady einkaufte

Mehr als 40 meist familiengeführte Weingüter laden in Loudoun County vor den Toren von Washington, DC ein, die Virginia-Weinkultur zu genießen. Neben Viognier (so etwas wie die „Staatstraube" von Virginia) stehen hier Rebsorten wie Cabernet Franc, Petit Verdot und Norton im Vordergrund. Bei Tastings können Urlauber die erlesenen Tropfen probieren, in den Weinbergen Livekonzerten lauschen oder an Yogakursen teilnehmen – in DC's Wine Country dreht sich fast alles, um die köstliche Traube. Organisierte Touren führen Besucher zu verschiedenen Weingütern, und so kann auch ganz hemmungslos verkostet werden.

Doch die Region ist nicht nur als Weinland bekannt, sondern bereits viel länger als Pferdesportparadies. Besonders das Gebiet rund um das

Städtchen Middleburg im Süden von Loudoun County offeriert zahlreiche Möglichkeiten, selbst aufs Pferd zu steigen oder bei Wettbewerben zuzuschauen. Das exklusive Salamander Resort & Spa verfügt sogar über ein eigenes Reitzentrum. Dort können Erholungssuchende Wellness, Genuss und aktive Entspannung perfekt miteinander kombinieren. In Middleburg selbst lohnt sich ein Bummel durch die kleinen Boutiquen, in denen schon Jacqueline Kennedy gern einkaufen ging. Mehr als 160 Gebäude werden hier im National Register of Historic Places gelistet.

INFO

Lage und Anfahrt: Loudoun County liegt im Nordosten von Virginia und grenzt an Maryland. Von Occoquan ist es eine gute Stunde Autofahrt bis Middleburg – von der VA-123 auf die VA-286, dann weiter über die VA-28 Sully Road und US-50.

Aktivitäten:

- Touren zu Weingütern: beispielsweise mit DiVine Wine Tours samt Besuch und Tasting auf zwei Weingütern sowie Lunch (insgesamt fünf bis sechs Stunden), 175 USD pro Person, *divinewineva.com/wine-tours*
- The Christmas Sleigh: In diesem Shop ist 365 Tage im Jahr Weihnachten. Von einem deutschen Auswanderer betrieben, beherbergt er unter anderem die größte Kollektion an Räuchermännchen in den USA; 5A East Washington Street, Middleburg, VA 20117, *thechristmassleigh.com*

Restaurant:

- Red Fox Inn & Tavern: Taverne aus dem Jahr 1728 mit frischer „Farm to Table"-Küche; 2 East Washington Street, Middleburg, VA 20117, *redfox.com*

Unterkunft:

- Salamander Resort & Spa: Luxus-Retreat mit Wellnessbereich und eigenem Reitzentrum; 500 North Pendleton Street, Middleburg, VA 20117, *salamanderresort.com*

Websites:

- *visitloudoun.org*
- *visitmiddleburgva.com*

INSIDER-GUIDE

Kajaktour in unberührter Natur

Insider-Guide

56. „I have a dream": Black History in der Capital Region USA
57. Beste Aussichten: Unterwegs auf Panoramastraßen
58. Funkelnd, festlich, familiär: So wird in der US-Hauptstadtregion gefeiert
59. Trenchcoats und tote Briefkästen: Die Welt der Spione und Geheimagenten
60. Auf den Spuren großer Filmstars: Die Capital Region USA auf der Kinoleinwand

Martin Luther King, Jr. Memorial während der Kirschblüte in DC

56. „I have a dream“: Black History in der Capital Region USA

Worte für die Ewigkeit: Man schreibt den 28. August 1963, als geschätzt 250.000 Menschen beim sogenannten „Marsch auf Washington“ die National Mall in der Hauptstadt bevölkern. Dann tritt Martin Luther King Jr. am Lincoln Memorial ans Mikrofon und hält eine der wohl bedeutendsten Reden der US-amerikanischen Geschichte: „I have a dream“.

Mit den Worten „Ich habe einen Traum“ skizzierte er sein Verständnis des American Dream, in dem Gleichberechtigung herrscht und Rassenunterschiede keine Rolle spielen. Der „Marsch auf Washington“ zählt zu den zentralen Ereignissen in der sogenannten Black History sowie der Bürgerrechtsbewegung (Civil Rights Movement). An die berühmte Rede von Martin Luther King Jr. erinnert bis heute eine Plakette in den Steinen vor dem Lincoln Memorial. Die sogenannte Black History ist in der Hauptstadtregion vielfach präsent. In Washington, DC selbst sollte sich niemand den Besuch des National Museum of African American History and Culture (siehe Seite 22, Tipp 2) entgehen lassen.

Museum für afroamerikanische Geschichte und Kultur in DC

Bewegende Einblicke im Black History Museum in Richmond

Die Geschichte der afroamerikanischen Bevölkerung und ihr Kampf um Bürgerrechte prägen die USA seit ihrer Gründung. So stehen allein einer Million Europäer, die zwischen 1600 und 1800 eingewandert sind, mehr als 2,5 Millionen Menschen aus Afrika gegenüber, die im gleichen Zeitraum als Sklaven aus Afrika verschleppt wurden. Und selbst Thomas Jefferson, als Autor der Unabhängigkeitserklärung, plädierte zwar offiziell für Gleichberechtigung – beschäftigte dennoch Sklaven und hielt sie angeblich trotz heimlicher Kinder aus einer Liaison mit einer Schwarzen für „minderwertig".

Neben Martin Luther King Jr. prägten zahlreiche Persönlichkeiten den Kampf um gleiche Rechte und gegen Rassentrennung. Als einer der einflussreichsten Freiheitskämpfer im 19. Jahrhundert gilt Frederik Douglass. Geboren in Maryland, wuchs er inmitten der Sklaverei auf und wurde im Teenager-Alter als Haussklave nach Baltimore geschickt. Nach einem gescheiterten Versuch konnte er schließlich nach New York fliehen, wo er seinen Namen änderte und das erste von zwei Mal heiratete. Berühmt wurde

Douglass als Kämpfer gegen die Sklaverei und als Berater für Präsident Lincoln. In Washington, DC kann sein letztes Haus, in dem er bis zu seinem Tod 1895 lebte (siehe Seite 74, Tipp 15), besichtigt werden. Zu den Lebensstationen Douglass' in Maryland führt eine Selbstfahrertour.

Ebenfalls in Maryland erinnert die Panoramastraße Harriet Tubman Underground Railroad Byway (siehe Seite 154, Tipp 34) an eine legendäre Fluchthelferin: Im 19. Jahrhundert half Harriet Tubman, selbst eine ehemalige Sklavin, unter Einsatz ihres Lebens geflohenen Sklaven aus den Südstaaten dabei, den Weg in Freiheit zu finden. Auch gehörte sie der Underground Railroad an, dem legendären, inoffiziellen Fluchthilfenetzwerk, das gut 100.000 frühere Sklaven in jener Zeit versteckte und heimlich beförderte, bis sie in Sicherheit vor ihren früheren Besitzern und deren Häschern waren.

Wandgemälde zu Ehren großer Freiheitskämpfer: Harriet Tubman in Cambridge ...

... und Frederick Douglass in Easton

In Virginia wiederum können Reisende den Richmond Slave Trail erkunden und nacherleben, wie die Stadt ab 1775 sukzessive zum wichtigsten Hafen für den Sklavenhandel an der Ostküste wurde. Bei dem Rundgang werden beispielsweise die früheren Sklavenmärkte und die Reconciliation Statue (Versöhnungsstatue) passiert. Letzter Stopp ist schließlich die First African Baptist Church, ein Zentrum des afroamerikanischen Lebens in Richmond vor dem Bürgerkrieg.

Prägend für die Black History wie auch die Musikkultur des 20. Jahrhunderts ist schließlich Duke Ellington, geboren 1899 in Washington, DC. Er gilt als einer der einflussreichsten Jazzmusiker, der selbst auch rund 2000 Stücke komponierte. In Gedenken an den legendären Musiker, der zugleich stark das Lebensgefühl der schwarzen Bevölkerung beeinflusste, bestehen in der Hauptstadt die Duke Ellington Bridge über den Rock Creek sowie die Duke Ellington School of Arts für besonders talentierte Kinder.

INFO

Aktivitäten:

- Frederick Douglass Driving Tour: führt zu vielen Stationen seines Lebens in Maryland; *visitmaryland.org/driving-tours/following-his-footsteps-marylands-frederick-douglass-driving-tour*
- Richmond Slave Trail: Spaziergang durch Richmond zu historischen Stätten; *virginia.org/listing/richmond-slave-trail/226*

57. BESTE AUSSICHTEN: UNTERWEGS AUF PANORAMASTRASSEN

Amerikas Hauptstadtregion ist der perfekte Ort für unvergessliche Roadtrips. Mehr als ein Dutzend malerische Ferienstraßen, die sogenannten „Scenic Byways", schlängeln sich durch die Berg- und Küstenlandschaften, vorbei an historischen Orten und Kulturstätten.

Dabei bieten die thematischen Bezüge und die unterschiedlichen Längen eine enorme Vielfalt, um die Region zu entdecken. Eines ist aber immer gleich: die gute Beschilderung sowie zahlreiche Stopps entlang des Weges mit Infotafeln, die Besuchern eine einfache Streckenführung ermöglicht. Kürzere Routen mit städtischem Bezug sind beispielsweise die Historic Charles Street, die von den bewaldeten Landschaften in Baltimore County mitten rein ins Leben und bis zu den Wolkenkratzern der größten Stadt Marylands führt (siehe Seiten 138 und 142, Tipps 29 und 30). Südwestlich von Washington, DC schlängelt sich auf knapp 34 Kilometern entlang des Potomac River der George Washington Memorial Parkway von Mount Vernon über Alexandria nach Arlington.

Das Washington Monument entlang der Historic Charles Street in Baltimore

Auf und ab: über den Blue Ridge Parkway zu den schönsten Aussichtspunkten

Die wohl bekanntesten Ferienstraßen in der Capital Region USA sind der legendäre Skyline Drive, der im Westen Virginias rund 170 Kilometer durch den Shenandoah National Park verläuft und in Waynesboro auf den Blue Ridge Parkway mit den Blue Ridge Mountains trifft (siehe Seiten 214 und 220, Tipps 50 und 51). Wer noch weiter in den Südwesten des Bundesstaates eintauchen und sich auf die musikalischen Spuren begeben möchte, ist auf dem Crooked Road Music Trail genau richtig. Hier, wo Musik zu jeder Tages- und Nachtzeit allgegenwärtig ist, tauchen Reisende auf gesellige Weise in die Lebensart der regionalen Berg- und Talbevölkerung ein. Lebendige Geschichte erfährt man auf dem 40 Kilometer langen Colonial Parkway im Osten Virginias. Orte wie Jamestown, Colonial Williamsburg und das Yorktown Battlefield erwecken Virginias 400-jährige koloniale Geschichte zum Leben (siehe Seite 192, Tipp 45).

Colonial Parkway

Natur und Geschichte sind auch in Maryland allerorts greifbar. Der Chesapeake

Country National Scenic Byway an der Eastern Shore bringt Besucher auf fast 675 Kilometern zu zahlreichen Stationen, die das maritime Erbe und die Geschichte von Amerikas größtem Flussmündungsgebiet, der Chesapeake Bay, erzählen. Historische Fischerdörfer, alte Kapitänshäuser, malerische Strände und Naturparks säumen den Weg.

Daneben bietet Maryland eine Fülle an Möglichkeiten, in die Vergangenheit einzutauchen. Neben historischen Strecken wie dem Star-Spangled Banner Byway auf den Spuren des Britisch-Amerikanischen Kriegs von 1812 ist vor allem der Harriet Tubman Underground Railroad Byway Pflichtprogramm für Geschichtsinteressierte. Die Route verläuft rund 200 Kilometer entlang der Ostküste Marylands und erzählt auf eindrückliche Weise die Geschichte der Fluchthelfer, die vielen Afroamerikanern aus den Südstaaten den Weg in den Norden und somit in die Freiheit zeigten (siehe Seite 154, Tipp 34). Wer noch tiefer in Marylands Historie eintauchen möchte, plant eine Fahrt entlang der Historic National Road, die einst den ersten Siedlern als „Tor zum Westen" diente.

Unberührte Natur und Strände am Chesapeake Country National Scenic Byway

INFO

Übersicht ausgewählter Scenic Byways in der Capital Region USA

Washington, DC und Umgebung:

- George Washington Memorial Parkway: entlang des Potomac River im Süden von Washington, DC mit Mount Vernon und Theodore Roosevelt Island; 34 Kilometer.
- Journey Through Hallowed Ground Byway: auf den Spuren des Bürgerkriegs durch Maryland und Virginia; 300 Kilometer.

Maryland:

- Maryland Historic National Road: vom Hafen Baltimores bis in die Allegany Mountains das „Tor zum Westen" bereisen; etwa 270 Kilometer.
- Historic Charles Street: historische Route vom Inner Harbor durch zahlreiche Viertel Baltimores; knapp 20 Kilometer.
- Star-Spangled Banner Byway: zu Stätten des Britisch-Amerikanischen Kriegs von 1812, von Baltimore bis Solomons; 170 Kilometer.
- Chesapeake Country Scenic Byway: naturbelassene Gewässer und Fischerdörfer von Chesapeake City bis Kent Island; knapp 675 Kilometer.
- Harriet Tubman Underground Railroad Byway: Geschichtsstunde über den Freiheitskampf, von Goldsboro bis nach Cambridge; 200 Kilometer.
- Chesapeake & Ohio Canal Byway: per Rad, Kanu oder Kahn den „Great Old Ditch" im Westen des Bundesstaates entlang; rund 300 Kilometer.

Virginia:

- Skyline Drive: durch den Shenandoah National Park von Front Royal bis Waynesboro; rund 170 Kilometer.
- Blue Ridge Parkway: Appalachen-Panorama und Kulturgüter der Blue Ridge Mountains von Waynesboro bis North Carolina; knapp 350 Kilometer.
- Colonial Parkway: 400 Jahre Kolonialgeschichte zum Anfassen zwischen Jamestown und Yorktown; 37 Kilometer.
- The Crooked Road: Bluegrass, Gospel und Mountain Music im Südwesten Virginias; 480 Kilometer.

Websites:

- *capitalregionusa.de/panoramastraßen*
- *visitmaryland.org/scenic-byways*
- *virginia.org/places-to-visit/scenic-drives-and-byways/byways*
- *scenicbyways.info*

58. Funkelnd, festlich, familiär: So wird in der US-Hauptstadtregion gefeiert

Am vierten Donnerstag im November zelebrieren die USA jährlich ihr wichtigstes Familienfest. Doch anders, als viele glauben, wurde das erste englische Thanksgiving auf amerikanischem Boden nicht in Plymouth, Massachusetts, gefeiert. Bereits aus dem Jahr 1619 ist ein Erntedankfest aus Virginia überliefert: Am Ufer des James River priesen 38 englische Siedler auf der Berkeley Plantage den „Day of Thanksgiving to Almighty God".

Ein Thanksgiving-Festmahl

Sie widmeten das Fest ganz dem Dank für die erfolgreiche Überfahrt, die um die Jahreszeit durch die raue See und Kälte nicht ungefährlich war. 1963 würdigte Präsident John F. Kennedy in seiner Thanksgiving-Rede erstmals offiziell die Bedeutung der Ereignisse in Virginia. Zu diesem Zeitpunkt hatte sich das Erntedankfest längst zu einer festen Tradition etabliert, bei der die Familien zusammenkommen und vor allem das gemeinsame Essen im Vordergrund steht. Viele Restaurants offerieren besondere Menüs und Specials. Neben Truthahn kommen in Virginia auch gern ein mit Honig-Senf glasierter Schinken sowie als beliebte Beilage Makkaroni und Käse auf den Tisch. Kulinarische Spezialitäten wie Landschinken, Sauerkraut, Austerneintopf, Süßkartoffeln und White Potato Pie (eine Art Kartoffelpastete) finden sich wiederum in Maryland auf dem Speisezettel.

Jährliche Tradition: Der National Christmas Tree wird erleuchtet.

Gleich nach Thanksgiving schließen sich weitere, äußerst stimmungsvolle Wochen an: die Vorweihnachtszeit. Die gesamte US-Hauptstadtregion verwandelt sich dabei in ein Meer aus zigtausenden von Lichtern. In Washington, DC erstrahlen gleich zwei große Weihnachtsbäume in voller Pracht: einer vor dem US-Kapitol sowie der National Christmas Tree vor dem Weißen Haus, der von 56 kleineren Bäumen gesäumt wird, die die einzelnen Bundesstaaten und Territorien der USA sowie den District of Columbia repräsentieren. Aber auch zahlreiche weitere Illuminationen, Weihnachtsmärkte und Eislaufbahnen – die wohl bekannteste wird jedes Jahr im National Gallery of Art Sculpture Garden aufgebaut – sorgen für festliche Atmosphäre. Und für alle, die gern zum Weihnachtsshopping in die USA fliegen, sind

Lichtkunstwerke an der Strandpromenade von Virginia Beach

Schiffsparade auf dem Potomac River bei Alexandria

Washington, DC und Umgebung ein Geheimtipp. Denn auch hier gibt es mit Start des Black Friday zahlreiche Aktionen und Schnäppchen in den großen Malls und kleinen Boutiquen.

Im Umland wartet Alexandria (siehe Seite 94, Tipp 18) mit der „Holiday Boat Parade of Lights" auf, bei der meist am ersten Samstag im Dezember über 50 bunt geschmückte und beleuchtete Boote den Potomac River entlangfahren. Das Gaylord National

Ein Farben- und Lichtermeer im Lewis Ginter Botanical Garden in Richmond

Zum Nationalfeiertag gibt es ein großes Feuerwerk an der National Mall.

Resort in National Harbor (siehe Seite 100, Tipp 20) präsentiert jedes Jahr ein eigenes Winterwunderland. Mehr als zwei Millionen Lichter, verteilt über den gesamten Südosten des Bundesstaates Virginia, bilden die „100 Miles of Lights“. Zahlreiche Installationen entlang der Route zwischen der Hauptstadt Richmond (siehe Seite 198, Tipp 46) und dem beliebten Badeort Virginia Beach (siehe Seite 178, Tipp 42) versprühen weihnachtliche Festtagsstimmung (*100milesoflights.com*).

Während das neue Jahr vielerorts mit einem Feuerwerk eingeleitet wird, findet doch das bedeutendste an einem ganz anderen Tag statt – nämlich im Sommer am 4. Juli. Der „4th of July“ ist ein markanter Tag in der Geschichte der Vereinigten Staaten: 1776 wurde die Unabhängigkeitserklärung unterzeichnet und somit die Loslösung von Großbritannien und die damit verbundene Eigenständigkeit der USA beschlossen. Das wird überall in den USA gefeiert, doch in Washington, DC ist es besonders spektakulär – von der National Independence Day Parade auf der Constitution Avenue bis hin zum gigantischen Feuerwerk über der National Mall.

59. TRENCHCOATS UND TOTE BRIEFKÄSTEN: DIE WELT DER SPIONE UND GEHEIMAGENTEN

Als Hauptstadt der Supermacht USA verwundert es nicht, dass Washington, DC ein Magnet für Spione aus aller Welt ist. Rund 10.000 Geheimagenten sollen sich jeden Tag in der Stadt aufhalten. Auch Besucher, die nichts Böses im Schilde führen, können hier in die Welt von James Bond & Co. schnuppern – zumal DC schon zahlreichen Agentenfilmen als Kulisse diente.

Viele Orte in Washington, DC besitzen eine Verbindung zum Thema Spionage. Bestes Beispiel: die russische Botschaft an der Wisconsin Avenue. Als hier die Sowjetunion in den 1970er-Jahren ihre Vertretung einrichtete, nisteten sich in dem unscheinbaren Wohnhaus gegenüber das FBI und die NSA ein. Sie beobachteten das Gebäude und filmten jeden, der die sowjetische Botschaft betrat. Schenkt man heutigen Berichten Glauben, war die Tarnung jedoch nur wenig gelungen. In der Nachbarschaft war wohl bekannt, dass hier keine normale Familie wohnte, sondern Geheimdienste tätig waren. Auch gibt es Erzählungen, wonach zu Abhörzwecken von dem Haus ein Tunnel unter der Straße bis unter die Botschaft gegraben werden sollte. Das Unterfangen scheiterte nicht zuletzt am Grundwasser, das schon während des Grabens permanent eindrang und teures, technisches Equipment zunichtemachte.

International Spy Museum auf mehr als 13.000 Quadratmetern Ausstellungsfläche

Selbst in die Rolle eines Undercover-Agenten schlüpfen die Besucher des International Spy Museum in der Innenstadt von DC.

Hier erfahren sie viel über die Geschichte wie auch den Zweck von Spionage und sollen kleine Aufgaben lösen. Zudem begegnen ihnen ungewöhnliche Gegenstände aus der Agentenwelt: die in einem Lippenstift verborgene Schusswaffe des KGB, eine kleine Kamera, die das Deutsche Reich im Ersten Weltkrieg Tauben umband, um Bilder von feindlich besetzten Gebieten zu erlangen, oder auch Peilsender und Mikrofone, die osteuropäische Geheimdienste in die Absätze westlicher Diplomaten einbauten, wenn diese ihre Schuhe neu besohlen ließen. Sehr gelungen ist der Bereich, der dem Ost-Berlin zu Zeiten des Kalten Krieges gewidmet ist. Zum Abschluss gelangen die Besucher in den Debriefing Room, wo sie erfahren, wie gut sie sich als Geheimagenten geschlagen haben.

Interaktive Elemente lassen Besucher in die Arbeit eines Geheimagenten eintauchen.

Die CIA oder das FBI dürfen Nicht-US-Bürger heutzutage nicht besuchen – wer trotzdem am Sitz des FBI vorbeikommt, sieht ein Gebäude, das auch die Handschrift des deutschen Architekten Helmut Jahn trägt – wohl aber die vor den Toren der Stadt gelegene NSA. Die National Security Agency ist der größte Auslandsgeheimdienst der USA. In dem nicht besonders großen, aber überaus informativen Museum, dem National Cryptologic Museum, dreht sich alles um das Verschlüsseln und Dechiffrieren von Nachrichten. Zu den Exponaten gehört

FBI Building

Original-Enigma und ...

eine Original-Enigma aus dem Zweiten Weltkrieg. Auch lassen sich wieder viele Geschichten entdecken: Zum Beispiel die des deutschen Diplomaten Arthur Zimmermann, dessen Geheimbotschaft an Mexiko im Ersten Weltkrieg abgefangen und entschlüsselt wurde, was dazu beitrug, dass die USA noch im gleichen Jahr in den Krieg eintraten.

... zahlreiche weitere Exponate im National Cryptologic Museum

INFO

Lage und Anfahrt: Von der Metrostation L'Enfant Plaza ist es ein kurzer Spaziergang bis zum International Spy Museum. Die Autofahrt zum National Cryptologic Museum dauert von Washington, DC über die US-50 East und den Baltimore-Washington Parkway knapp 50 Minuten. Auf dem NSA-Gelände weisen Schilder den Weg zum Museum.

Aktivitäten:

- Das International Spy Museum ist täglich geöffnet, 27 USD Eintritt; 700 L'Enfant Plaza, SW, Washington, DC 20024, *spymuseum.org*
- Das National Cryptologic Museum ist montags bis freitags von 9 bis 16 Uhr sowie an jedem ersten und dritten Samstag im Monat von 10 bis 14 Uhr geöffnet, freier Eintritt; 8290 Colony Seven Road, Annapolis Junction, MD 20701, *nsa.gov/about/cryptologic-heritage/museum*
- Spannende Geschichten aus dem „Agenten-Alltag" lassen sich bei speziellen Touren entdecken. Zu den Angeboten gehören The Spies of Georgetown (*atlasobscura.com/experiences/the-spies-of-georgetown*) und Gary Powers (*garypowers.com/spy-tours-of-washington*).

Unterkunft:

- Eines der bekanntesten Häuser in Washington, DC, in denen sich im Laufe der Jahre zahlreiche politische Ereignisse und Skandale zugetragen haben, ist das ehrwürdige Mayflower Hotel. Präsident Franklin D. Roosevelt schrieb hier seine berühmte „The only thing we have to fear is fear itself"-Rede, und FBI-Direktor J. Edgar Hoover ließ sich im Restaurant 20 Jahre lang jeden Mittag ein Hühnersüppchen schmecken. Nachdem er von Nazi-Deutschland eigentlich zur Verübung von Sabotageakten in die USA geschickt worden war, mietete sich 1942 George John Dasch ein Zimmer im Mayflower Hotel, um die Pläne ans FBI zu verraten; 1127 Connecticut Avenue NW, Washington, DC 20036; *themayflowerhotel.com*

60. Auf den Spuren grosser Filmstars: Die Capital Region USA auf der Kinoleinwand

Zahlreiche Orte und Landschaften der US-Hauptstadtregion schafften den Sprung in die Drehbücher legendärer Blockbuster. Hier fiel Tom Hanks als Forrest Gump seiner Jenny in die Arme, Julia Roberts ritt als die Braut, die sich nicht traut, vor ihrer Hochzeit davon und – unvergesslich – Jennifer Grey alias Frances „Baby" Hausman traf hier auf ihren Johnny.

Ganz oben auf der Hitliste beliebter Filmlocations in der US-Hauptstadt steht die National Mall. Diese verbindet das US-Kapitol, Drehort von „Mr. Smith goes to Washington" (1939), mit dem Lincoln Memorial, Kulisse für „Forrest Gump" aus dem Jahr 1994. Die Monumente und Prachtbauten entlang des Parks lockten weitere Filmteams an. So erlebte Ben Stiller als Larry Daley in den Smithsonian Museen eine abenteuerliche „Nacht im Museum 2" (2009). Fans des Horrorklassikers „Der Exorzist" (1973) sollten dem Szeneviertel Georgetown einen Besuch abstatten, wo sich die wohl berühmteste Filmtreppe der USA befindet, die heute sogar als „Historic Landmark" registriert ist.

In Wirklichkeit gar nicht so gruselig: die Treppe aus „Der Exorzist"

Ort des Geschehens bei „House of Cards" (2013 bis 2018) ist ebenfalls Washington, DC, wobei ein Großteil der Politthriller-Serie im gut 60 Kilometer entfernten Baltimore gedreht wurde. Die Hafenstadt im Bundesstaat Maryland stellte zugleich die Szenerie zweier Filmklassiker: nämlich für den Musik- und

Die Mountain Lake Lodge lädt regelmäßig zu ...

Tanzfilm „Hairspray" (1988), der die Rassentrennung im Baltimore der 1960er-Jahre thematisiert, und für die Liebesgeschichte zwischen Sam und Annie in „Schlaflos in Seattle" (1993). Im kleinen Städtchen Berlin nahe Ocean City am Atlantik standen Julia Roberts und Richard Gere für die Filmkomödie „Die Braut, die sich nicht traut" (1999) vor der Kamera. Doch auch düstere Horrorformate wie „Blair Witch Project" (1999) fanden in Maryland ihren perfekten Drehplatz, hier der Seneca Creek State Park nahe Burkittsville.

Bekanntester Drehort im Bundesstaat Virginia ist sicherlich die Mountain Lake Lodge, ein Ferienresort inmitten eines Naturschutzgebietes in den Blue Ridge Mountains. Es diente als Kulisse für den Tanzfilm „Dirty Dancing" (1987) mit Patrick Swayze und Jennifer Grey. Noch heute lädt das

... „Dirty Dancing"-Wochenenden ein.

Auf den Spuren des Films „Lincoln“ in Richmond

weitläufige Resort mit seinen rustikalen Hütten und charmanten Häuschen zu einer Auszeit ein und bietet Fans ganz besondere „Dirty Dancing Weekends“. Doch auch Regisseure anderer Filmgenres fanden in Virginia die passenden Locations. So zum Beispiel Steven Spielberg, der die Stadt Richmond als Drehort für das Historien-Drama „Lincoln“ (2012) wählte. Der Film zeigt die letzten Monate im Leben des 16. Präsidenten der Vereinigten Staaten und seinen politischen Kampf um die endgültige Abschaffung der Sklaverei. Auch Superheldinnen machen vor der US-Hauptstadtregion nicht halt: Der Hollywood-Streifen „Wonder Woman 1984“ (2020) spielte nicht nur in Washington, DC sondern auch in Alexandria, Vir-

Wonder Woman: Frauenpower in der US-Hauptstadt

ginia. Dort wurde exklusiv für den Filmdreh die leerstehende Landmark Mall in ein geschäftiges Shopping-Center der 1980er-Jahre umgebaut.

INFO

Aktivitäten:

- Georgetown Movie Sites in Washington, DC: selbstgeführte Tour zu elf besonderen Drehorten im DC-Stadtviertel Georgetown; *georgetowndc.com/guide/georgetown-movie-sites*
- Auf den Spuren von Regisseur John Waters in Baltimore: Orte entlang der 36th Street, auch bekannt als „The Avenue", im Viertel Hampden tauchen in „Hairspray", „Cry-Baby" und anderen Filmen auf; im legendären Buchladen Atomic Books lässt Waters seine Fanpost sammeln; 3620 Falls Road, Baltimore, MD 21211, *atomicbooks.com*
- Runaway Bride Movie Tour in Berlin: 1,5-stündige, geführte Tour zu den Filmsets der Liebeskomödie „Die Braut, die sich nicht traut", 20 USD pro Person; *chesapeakeghosts.com/runaway-bride*
- Lincoln Movie Trail in Richmond: Zahlreiche Schauplätze der Geschichte wie das Virginia State Capitol und das White House of the Confederacy dienten Steven Spielburg als Filmlocation. Im letzteren stimmte sich Daniel Day Lewis auf seine Rolle als Lincoln ein und verbrachte viel Zeit in der kleinen Bibliothek von Jefferson Davis, der damals dort auch Abraham Lincoln empfing; 1201 East Clay Street, Richmond, VA 23219, *acwm.org/white-house-of-the-confederacy*

Unterkunft:

- An ausgewählten Wochenenden im Sommer lädt die Mountain Lake Lodge zu exklusiven „Dirty Dancing Weekends" mit Tanzstunden, Dance Party, Schnitzeljagd und vielem mehr ein. Der Mountain Lake, Schauplatz der berühmten Hebefigur, liegt ebenfalls ganz in der Nähe; 115 Hotel Circle, Pembroke, Virginia 24136, *mtnlakelodge.com*

Gateway in die Capital Region USA: Washington Dulles International Airport

Reiseinformationen

ANREISE

Zentrales Gateway in die Capital Region USA ist der Washington Dulles International Airport (IATA-Code: IAD; flydulles.com), etwa 40 Kilometer westlich der Hauptstadt. Lufthansa und/oder United Airlines bieten täglich bzw. mehrfach wöchentlich Nonstop-Flüge ab Frankfurt/Main, München sowie ab Zürich und Genf an. Austrian Airlines fliegt nonstop ab Wien. Hinzu kommen zahlreiche Umsteigeverbindungen, beispielsweise via Amsterdam, London, Paris und Warschau.

Vom Flughafen fahren Taxis (rund 65 bis 75 USD pro Strecke) sowie Mitfahrdienste wie Uber oder Lyft in rund 30 bis 45 Minuten in die Innenstadt von Washington, DC. Unabhängig vom Verkehrsaufkommen ist der Transfer mit dem öffentlichen Nahverkehr: Von der Metrostation direkt am Washington Dulles International Airport nehmen Besucher die Silver Line nach Downtown DC.

Weiterer bedeutender Flughafen ist der Reagan National Airport (IATA-Code: DCA; flyreagan.com), nur wenige Kilometer von der Innenstadt entfernt und mit teils spektakulärem Anflug über die Hauptstadt. Dieser Airport, samt eigener Metro-Station, bietet sich vor allem für Inlandsflüge vor oder nach einem Aufenthalt in der Hauptstadt an. Darüber hinaus verfügt auch Baltimore über einen großen Flughafen, den Baltimore/Washington International Thurgood Marshall Airport (IATA-Code: BWI): Condor fliegt zwischen Mai und September regelmäßig mehrfach pro Woche ab Frankfurt/Main nonstop die größte Stadt in Maryland an. Zudem gibt es Umsteigeverbindungen über Dublin und Reykjavik. Von der Station BWI Airport fahren Züge von Amtrak und MARC nach Baltimore und Washington, DC. Die Light Rail führt direkt nach Downtown Baltimore, so sind Besucher etwa in 20 Minuten am Inner Harbor.

Busse und Züge steuern Washington, DC regelmäßig an. Alle großen Anbieter von Greyhound bis Amtrak offerieren zahlreiche Verbindungen. Gerade die Bahn (ab Union Station) bietet sich für Tagestrips in die Umgebung an, beispielsweise nach Frederick, Maryland oder Fredericksburg, Virginia.

Beste Reisezeit

Der Frühling mit blühenden Kirschbäumen sowie der stimmungsvolle Herbst gelten als beste Monate für eine Reise. Dann sind die Temperaturen angenehm. Im Sommer wird es in Washington, DC zuweilen heiß und schwül. Im Winter sind viele Outdoor-Aktivitäten nicht möglich, und in kleineren Orten haben Attraktionen reduzierte Öffnungszeiten bzw. sind geschlossen. Wintersport ist aber auch in der Capital Region USA möglich. Die Hauptsaison geht von Ende Mai (Memorial Day) bis Anfang September (Labor Day).

Kirschblüte in Alexandria, Virginia

Einreise

Deutsche Staatsangehörige können bei Urlaubs- oder Geschäftsreisen ohne Visum in die USA einreisen, sofern bestimmte Voraussetzungen erfüllt sind. Als Teilnehmer am sogenannten U.S. Visa Waiver Programm müssen sie aber im Besitz einer elektronischen Einreisegenehmigung (ESTA) sein. Wer vor einer USA-Reise bestimmte Länder besucht hat, ist vom ESTA-Verfahren ausgeschlossen und benötigt ein Visum. Das VISA-Waiver-Programm umfasst auch österreichische und schweizerische Staatsangehörige. Eine erteilte Einreiseerlaubnis gilt für beliebig viele Einreisen innerhalb von zwei Jahren nach Beantragung und bis maximal 90 Tage Aufenthalt pro Reise. ESTA soll bis allerspätestens 72 Stunden vor Reiseantritt beantragt werden und kostet 14 USD pro Person. Voraussetzung hierfür ist ein elektronischer Reisepass (e-Pass mit Chip). Bei der Einreise werden im Regelfall Fingerabdrücke und Fotos registriert. Am Flughafen können Reisende mittlerweile auch Automaten nutzen, sofern sie mit ihrem aktuellen ESTA bereits mindestens einmal in die USA eingereist sind. In diesem Fall erfolgt nur ein kurzes Gespräch mit dem Immigration Officer. Durch die

Automaten haben sich die Wartezeiten bei der Einreise deutlich verkürzt! Reisende sollten mindestens eine Stunde für Einreiseformalitäten und Gepäckabholung einplanen.

Gut zu wissen: Das ESTA möglichst direkt bei der zuständigen US-Behörde beantragen (*esta.cbp.dhs.gov*). Mittlerweile haben sich einige Vermittler etabliert, die für den gleichen Service deutlich höhere Kosten berechnen. Und: Über die tatsächliche Einreise entscheidet erst der Grenzbeamte in den USA – ein gültiges ESTA berechtigt noch nicht zur tatsächlichen Einreise!

Angesichts der anhaltenden Corona-Pandemie bestehen weitere Einreisebestimmungen. Zum Redaktionsschluss dieses Buches (Januar 2022) durften nur vollständig geimpfte Personen – mit Ausnahme von Kindern sowie US-amerikanischen Staatsbürgern – auf dem Luftweg einreisen. Überdies waren ein maximal ein Tag alter, negativer Corona-Test (Antigen- oder PCR-Test) und das Ausfüllen des Formulars „Combined Passenger Disclosure and Attestation to the US" vorgegeben. Diese Regeln können sich jederzeit auch mit geringer Vorlaufzeit ändern. Reisende sollten sich zum Zeitpunkt der Buchung und erneut kurz vor Abflug in die USA umfassend informieren. Gleiches gilt für die Regeln zur Rückreise nach Europa.

Weitere Informationen: *auswaertiges-amt.de/de/aussenpolitik/laender/usa-node/usavereinigtestaatensicherheit/201382*

Essen & Trinken

Es ist fast schon sprichwörtlich: Bei einem USA-Urlaub braucht niemand fürchten, kein gutes Essen zu bekommen. Die Zeiten, als man nur die Wahl zwischen Fastfood und Diners hatte, sind längst Geschichte. Wie überragend vielfältig und qualitativ hochwertig, nicht selten nach dem Prinzip „Farm to Table", die amerikanische Küche heutzutage ist, zeigt sich an vielen Orten in Maryland, Virginia und Washington, DC. Von vegan bis „Fleischeslust" ist alles dabei, und Lokale mit internationalen Gerichten brauchen den Vergleich mit ihren Heimatländern nicht zu scheuen.

Ergänzend zu den Empfehlungen bei einigen Tipps verdienen die folgenden Restaurants und Bars in Washington, DC besondere Aufmerksamkeit:

- Allegory: elegantes, schummrig-beleuchtetes Speakeasy (hinter einer Bücherwand) mit stilvollen Ledercouches, skurrilen Wandgemälden und einer verlockenden Getränkekarte im Hotel Eaton Workshop; 1201 K Street NW, Washington, DC 20005, *allegory-dc.com*
- Busboys and Poets: Buchladen, Coffee Shop und Restaurant in einem – kleine Kette mit fünf Locations in DC, große Frühstücksauswahl (auch für Vegetarier, Veganer sowie glutenfrei); der Flagship-Store ist zu finden in 2021 14th Street, NW, Washington, DC 20009, *busboysandpoets.com*
- Carmine's Italian Restaurant: große Portionen im „Family Style" nur wenige Gehminuten von der National Mall/National Gallery of Art entfernt; 425 7th Street NW, Washington, DC 20004, *carminesnyc.com/locations/washington-dc*
- China Chilcano: Starkoch José Andrés lässt hier die Küche Perus auf chinesische sowie japanische Einflüsse prallen und kreiert so ein wahres Geschmacksfeuerwerk; 418 7th Street NW, Washington, DC 20004, *chinachilcano.com*
- El Centro: populäre Taco- und Enchilada-Location in Georgetown mit üppigem Brunch an Wochenenden; 1218 Wisconsin Avenue NW, Washington, DC 20007, *eatelcentro.com*
- Equinox Restaurant: gehobene, saisonale Küche nahe dem Weißen Haus; 818 Connecticut Avenue NW, Washington, DC 20006, *equinoxrestaurant.com*
- Federalist Pig: von Beef Brisket bis Pulled Pork – für alle, die einem guten Stück Fleisch in Adams Morgan frönen wollen; 1654 Columbia Road, Washington, DC 20009, *federalistpig.com*
- Lady Bird: Die Rooftop-Bar im Kimpton Banneker Hotel gehört zu den besten in der Stadt und ist nicht zuletzt wegen der guten Aussicht sehr beliebt; 1315 16th Street NW, Washington, DC 20005, *ladybirddc.com*
- Left Door: Geheimtipp für Cocktail-Genießer hinter einer unscheinbaren Tür (wer die rechte Tür öffnet, landet in einer Reinigung); 1345 S Street NW, Washington DC
- Mi Vida: Küchenchef Roberto Santibañez gilt landesweit als

einer der besten Botschafter für mexikanisches Essen; 98 District Square SW, Washington, DC 20024, *mividamexico.com*

- minibar by José Andrés: Dieses hoch prämierte Restaurant ist ein schillerndes Beispiel für die kulinarische Avantgarde-Szene in DC; 855 E Street NW, Washington, DC 20004, *minibarbyjoseandres.com*
- Oohh's and Aahh's: Frittierte Hühnchen, Shrimps und Catfish lassen Gäste geschmacklich in den Süden der USA reisen, ohne den Geldbeutel besonders zu strapazieren; 1005 U Street NW, Washington, DC 20001 sowie 5933 Georgia Avenue, Washington, DC 20011, *oohhsnaahhs.com*
- Oyamel Cocina Mexicana: toller Mexikaner mit buntem Ambiente in Downtown DC; 401 7th Street NW, Washington, DC 20004, *oyamel.com*
- Rooster & Owl: Der Hipster-Treff kredenzt moderne Fusion-Küche vom Feinsten; 2436 14th Street NW, Washington, DC 20009, *roosterowl.com*
- Sequoia Restaurant: Allein der tolle Blick über den Potomac River ist Grund genug für einen Besuch, die schöne Terrasse und die gute amerikanische Küche bieten weitere; 3000 K Street NW, Washington, DC 20007, *sequoiadc.com*
- The Highlands: typisch amerikanisch – ob „Chicken and Waffle" zum Frühstück, Sandwiches zum Lunch oder Lachs-Burger zum Abendessen; 4706 14th Street NW, Washington, DC 20011, *highlandsdc.com*
- The Old Ebbitt Grill: Traditionsrestaurant seit 1856 nahe dem Weißen Haus, hier war bereits das Who-is-Who der Politikszene zu Gast, für Austern-Liebhaber gibt es eine „Oyster Happy Hour"; 675 15th Street NW, Washington, DC 20005, *ebbitt.com*

FEIERTAGE

An den staatlichen Feiertagen sind zwar Verwaltung, Firmen und Büros geschlossen. Geschäfte, Restaurants und Attraktionen sind dennoch meist geöffnet. Ausnahme: An Thanksgiving und Christmas Day sind oft nur noch wenige Restaurants und Geschäfte im Betrieb, während Museen im Regelfall geschlossen sind.

Übersicht der Feiertage:

- New Year's Day: 1. Januar
- Martin Luther King Day: dritter Montag im Januar
- President's Day: dritter Montag im Februar
- Memorial Day: letzter Montag im Mai, inoffizieller Auftakt für die Hauptreisezeit
- Juneteenth: 19. Juni – Gedenk- und Feiertag zur Erinnerung an die Befreiung der afroamerikanischen Bevölkerung der Vereinigten Staaten aus der Sklaverei
- Independance Day: 4. Juli – wichtigster Feiertag in den USA, Museen und Geschäfte oftmals mit geänderten Öffnungszeiten, vielerorts mit Feuerwerk
- Labor Day: erster Montag im September, inoffizielles Ende der Ferienzeit
- Columbus Day: zweiter Montag im Oktober
- Veterans Day: 11. November
- Thanksgiving: vierter Donnerstag im November – das Erntedankfest ist Amerikas wichtigstes Familienfest, bedeutender als Weihnachten
- Christmas Day: 25. Dezember

Geld und Zahlungsmittel

Offizielle Landeswährung ist der US-Dollar (USD abgekürzt). Nahezu überall sind Kreditkartenzahlungen möglich. Eine kleine Bargeld-Reserve ist gleichwohl sinnvoll. Geldautomaten (ATMs) sind meist nicht weit entfernt, je nach Kreditkartenanbieter und Hausbank können unterschiedlich hohe Gebühren anfallen. Reiseschecks sind mittlerweile außer Mode.

Gepflogenheiten im Alltag

Vor allem drei Punkte sollten Touristen in der Capital Region USA beherzigen.

- Erstens: Für alle Service-Leistungen wird ein Trinkgeld erwartet. Im Restaurant sind mindestens 15 bis 20 Prozent des Rechnungsbetrags üblich. Das Zimmermädchen bekommt 2 USD pro Tag, der Gepäckträger 1 USD pro Stück, der Taxifahrer mindestens 2 USD, im Regelfall 10 Prozent.

- Zweitens: In den USA darf Alkohol nicht im öffentlichen Raum konsumiert werden. Auch geöffnete Bier- oder Wein-Flaschen mit sich zu führen, ist verboten! Im Auto dürfen einmal geöffnete Flaschen oder Dosen mit alkoholhaltigen Getränken in Washington, DC und Maryland nicht im Fahrgastraum transportiert werden, sondern gehören zwingend in den Kofferraum. In Virginia ist der Verzehr von Alkohol im Pkw für Beifahrer nicht verboten, kann aber unnötige Polizeikontrollen mit sich bringen.
- Drittens: Rauchen ist weitgehend verpönt. Mittlerweile gelten Rauchverbote teilweise auch für Parks – in Museen, Restaurants und Hotels ohnehin.

Gesundheit und Versicherungen

Das Gesundheitssystem in den USA ist privatrechtlich organisiert, deutsche Krankenkassen kommen aus diesem Grund nicht für Kosten bei medizinischer Versorgung im Krankenhaus oder bei einem Arzt auf. Reisende sollten daher in jedem Fall eine Auslandsreisekrankenversicherung (inkl. Kostenübernahme für den Rücktransport) abschließen. Vielen Drogerien wie Walgreens und CVS sind Apotheken und oftmals auch ein Arzt angeschlossen. Zudem sind hier rezeptfreie Medikamente erhältlich. Die zentrale Notrufnummer lautet: 911.

Informationen und Auskunft

Umfassende Informationen hält die deutsche Dependance des Fremdenverkehrsbüros Capital Region USA bereit: Ein Reiseplaner ist kostenlos bestellbar unter 00800-96534264 (gebührenfrei), per E-Mail unter crusa@claasen.de bzw. online abrufbar (*digital.milespartnership.com/publication/?i=730479*). Erste Anlaufstelle im Internet sind die offiziellen Tourismusorganisationen, die zahlreiche Informationen (teils auch in deutscher Sprache) anbieten:

- *capitalregionusa.de*
- *washington.org* (Washington, DC)
- *virginia.org* (Virginia)
- *visitmaryland.org* (Maryland)
- *visittheusa.de* (offizielle Tourismus-Website der USA)

Kleidung

Bequeme Schuhe sind unerlässlich: Trotz Mietwagen sowie Bus und Bahn laufen Besucher oftmals viele Kilometer! Kleidungstechnisch hilft der sogenannte Zwiebellook, wenn es gerade im Frühjahr und Herbst frisch wird. Wer auf Klimaanlagen empfindlich reagiert, sollte einen Schal mitnehmen. Auch in besseren Restaurants sind mittlerweile Jeans akzeptiert. Nur in teuren Gourmettempeln und edlen Clubs ist elegante Kleidung Pflicht. In vielen Rooftop-Bars werden Jeans und Freizeitschuhe akzeptiert.

Shopping-Fans haben eine Menge Optionen.

Konsulate

Die Botschaft der Bundesrepublik Deutschland in Washington, DC hat für Notfälle eine Sondernummer geschaltet: +1 202 298 4000. Persönliche Termine müssen vorab über die Website vereinbart werden. Kontakt: 64645 Reservoir Road NW, Washington, DC 20007, *germany.info/us-de/vertretungen/botschaft*

Für österreichische Staatsbürger besteht eine zentrale Notrufnummer im Bereitschaftsdienst des Außenministeriums in Wien: +43 1 90115-4411. Die Botschaft in Washington, DC ist werktags von 9:30 bis 12 Uhr geöffnet. Kontakt: 3524 International Court

NW, Washington, DC 20008, Tel: +1 202 895 67 00, *bmeia.gv.at/ ka-washington*, *washington-ka@bmeia.gv.at*

Reisende mit Schweizer Pass wenden sich im Notfall an die Hotline in Bern (Helpline EDA): +41 800 24 7 365 oder +41 58 465 33 33. Für Schweizer Staatsbürger ist die Botschaft werktags zwischen 9 und 12 Uhr geöffnet (nur nach vorheriger Terminvereinbarung). Kontakt: 2201 Wisconsin Avenue NW, Washington, DC 20007-4105, Tel +1 202 745 7900, *eda.admin.ch/countries/usa/ de/home/vertretungen/botschaft-washington.html*, *washington@eda. admin.ch*

Masse, Gewichte, Temperaturen

In den USA werden Entfernungen in Meilen (1 mile = 1,606 Kilometer) und Fuß/Foot (30,48 Zentimeter) angegeben. Ein Pound entspricht 0,453 Kilogramm. Temperaturen sind in Fahrenheit dargestellt (32 degree Fahrenheit = 0 Grad Celsius, 60 degree Fahrenheit = 15,5 Grad Celsius, 75 degree Fahrenheit = 23,9 Grad Celsius).

Museen und Kulturstätten in DC

Für Liebhaber spannender Museen ist Washington, DC ein echter Hotspot. Und das Beste dabei: Viele der Ausstellungen sind ohne Eintrittsgebühr zu besuchen, darunter die weltberühmten Museen der Smithsonian Institution. Wer es sich zur Aufgabe macht, überall mal reinzuschauen, kann mehre Tage, bei ausgiebigen Besuchen sogar Wochen damit verbringen. Für die Qual der Wahl gibt es nachfolgend eine Auflistung der wichtigsten Museen sowie besondere Kulturstätten in Washington, DC.

Kostenfreie Museen, deren Besuch aber garantiert nicht umsonst ist:

- American Art Museum: Hier lassen sich bekannte und weniger bekannte amerikanische Künstler entdecken; donnerstags bis sonntags von 11:30 bis 19 Uhr geöffnet; 8th und G Street NW,

Washington, DC 20004, *americanart.si.edu*

- Arthur M. Sackler Gallery und Freer Gallery of Art: Die beiden benachbarten Häuser sind der Schönheit und Vielfalt asiatischer Kunst gewidmet; donnerstags bis sonntags von 10 bis 17:30 Uhr geöffnet; 1050 Independence Avenue SW, Washington, DC 20013, *asia.si.edu*

National Building Museum

- Chinese American Museum: Ausstellungen zur Geschichte und Kultur chinesischer Einwanderer von einst bis heute; donnnerstags bis samstags geöffnet; 1218 16th Street NW, Washington, DC 20036, *chineseamericanmuseum.org*
- Dumbarton Oaks: Prächtiger Landsitz in Georgetown mit großer Gartenanlage, in dem 1944 die Gründung der UNO vorbereitet wurde und wo heute eine famose Sammlung byzantinischer und präkolumbianischer Kunst ausgestellt ist. Museum: dienstags bis sonntags von 14 bis 17 Uhr geöffnet; 1703 32nd Street NW, Washington, DC 20007, *doaks.org*. Gärten: dienstags bis sonntags von 15 bis 17 Uhr geöffnet, freie Eintritt im Winter, vom 15. März bis 31. Oktober fällt eine Gebühr an; 3101 R Street NW, Washington, DC 20007, *doaks.org*
- German-American Heritage Museum of the USA: In der Hocke-

National Gallery of Art

meyer Hall gelegen, beschäftigt sich das Museum mit den mehr als 400 Jahren deutscher Auswanderergeschichte in die USA; dienstags bis freitags von 11 bis 16 Uhr geöffnet; 719 6th Street, NW, Washington, DC 20001, *gahmusa.org*

- Hirshhorn Museum and Sculpture Garden: Innen wird moderne und zeitgenössische Kunst präsentiert, außen lädt der prächtige Skulpturengarten mit dem Wish Tree von Yoko Ono zu inspirierenden Spaziergängen ein; die Galerie ist donnerstags bis sonntags von 10 bis 17:30 Uhr geöffnet, der Skulpturengarten täglich von 10 bis 16:30 Uhr; 7th Street und Independence Avenue SW, Washington, DC 20013, *hirshhorn.si.edu*
- Kreeger Museum: Das Privatmuseum zeigt in einem ehemaligen Wohnhaus Werke berühmter Künstler von etwa 1850 bis ins späte 20. Jahrhundert; dienstags bis samstags zwischen 10 und 16 Uhr geöffnet, Spende erbeten, Besuche sind nur nach vorheriger Reservierung über die Website möglich; 2401 Foxhall Road, NW, Washington, DC 20007, *kreegermuseum.org*
- National Air and Space Museum: Schätze der Luftfahrt vom Wright Flyer über die Spirit of St. Louis bis zur modernen Weltraumforschung, Renovierungsarbeiten bis voraussichtlich 2025; donnerstags bis montags von 10 bis 17:30 Uhr geöffnet;

655 Jefferson Drive SW, Washington, DC 20560, *airandspace.si.edu*

- National Gallery of Art: Die über 150.000 Werke umfassende Kunstsammlung gehört zu den bedeutendsten der Welt; täglich von 10 bis 17 Uhr geöffnet; Constitution Avenue (3rd bis 9th Street) mit Eingängen bei 7th Street NW, Constitution Avenue NW und Madison Avenue NW, Washington, DC 20565, *nga.gov*
- National Bonsai & Penjing Museum: Etwas versteckt im National Arboretum gelegen, präsentiert das Haus fantastisch schöne Bonsais; täglich von 10 bis 16 Uhr geöffnet, von November bis Februar geschlossen; 3501 New York Avenue NE, Washington, DC 20002, *bonsai-nbf.org*
- National Museum of African American History and Culture: Geschichte und Kultur der afroamerikanischen Einwanderer, zu Themen wie Sklaverei, Freiheit und Musik; Mittwoch bis Sonntag von 10 bis 17:30 Uhr geöffnet; 1400 Constitution Avenue NW, Washington, DC 20001, *nmaahc.si.edu*
- National Museum of American History: Hier geht es nicht nur um die große politische Historie, sondern auch um Themen wie die Entwicklung von Mobilität oder Essenskultur; freitags bis dienstags von 10 bis 17:30 Uhr geöffnet; 1300 Constitution Avenue NW, Washington, DC 20560, *americanhistory.si.edu*
- National Museum of Natural History: Der größte Diamant der Welt, spektakuläre Dinosaurierskelette, der Insektenzoo und vieles mehr lohnen einen Besuch; mittwochs bis sonntags von 10 bis 17:30 Uhr geöffnet; Constitution Avenue und 10th Street NW, Washington, DC 20560, *naturalhistory.si.edu*
- National Museum of the American Indian: Ausstellungen zu über 12.000 Jahre Geschichte von über 1200 indigenen Kulturen in Amerika; donnerstags bis sonntags von 10 bis 17:30 Uhr geöffnet; 4th Street SW, Washington, DC 20560, *americanindian.si.edu*
- National Portrait Gallery: Neben Porträts von US-Präsidenten sind auch ausdrucksstarke Darstellungen von Stars und Sternchen aus Unterhaltung und Sport zu sehen; 8th und G Street NW, Washington, DC 20001, *npg.si.edu*
- National Postal Museum: Postgeschichte der USA und Paradies für Philatelisten; freitags bis dienstags von 10 bis 17:30 Uhr

geöffnet; 2 Massachusetts Avenue NE, Washington, DC 20002, *postalmuseum.si.edu*

- Planet Word: Museum zu Macht und Schönheit von Sprache; donnerstags bis sonntags von 10 bis 17 Uhr geöffnet, Spende erbeten; 925 13th Street NW, Washington, DC 20005 (Eingang auf K Street), *planetwordmuseum.org*
- Renwick Gallery: Außenstelle des American Art Museum, wobei hier der Schwerpunkt mehr auf zeitgenössischem Kunsthandwerk und dekorativer Kunst liegt; donnerstags bis sonntags von 10 bis 17:30 Uhr geöffnet; 1661 Pennsylvania Avenue, Washington, DC 20006, *americanart.si.edu*
- United States Holocaust Memorial Museum: nationale Gedenkstätte für die Opfer des Holocaust; donnerstags bis dienstags von 10 bis 17:30 Uhr geöffnet, 1 USD Bearbeitungsgebühr für Online-Ticketreservierungen; 100 Raoul Wallenberg Place SW, Washington, DC 20024, *ushmm.org*
- Barbie Pond: Im Vorgarten von 1454 ½ Q Street NW, Washington, DC 20009 sind immer wieder fantasievolle Szenen zu sehen, dargestellt mit Barbie-Puppen, *instagram.com/barbie_pond_ave_q*

Weitere lohnenswerte Kulturstätten:

- International Spy Museum: alles über die Welt von Geheimagenten und Spionen; montags bis freitags ab 10 Uhr, an Wochenenden ab 9 Uhr geöffnet, 27 USD Eintritt; 700 L'Enfant Plaza, SW, Washington, DC 20024, *spymuseum.org*
- John F. Kennedy Center for the Performing Arts: Allgemein als „Kennedy Center" bekannt, dient das größte Kulturzentrum der Stadt unter anderem dem National Symphony Orchestra und der Washington National Opera als Spielstätte; 2700 F Street NW, Washington, DC 20566, *kennedy-center.org*
- Museum of the Bible: Ausstellungen über die Heilige Schrift; erst 2017 eröffnet hatte das Museum schon mit einigen handfesten Skandalen zu kämpfen; täglich außer dienstags von 10 bis 17 Uhr geöffnet, 25 USD Eintritt; 400 4th Street SW, Washington, DC 20024, *museumofthebible.org*
- National Building Museum: widmet sich den Themen Architektur, Design, Ingenieurwesen, Konstruktion und Stadtplanung;

Interaktive Ausstellung: das Planet Word Museum in DC

freitags bis montags von 11 bis 16 Uhr geöffnet, 10 USD Eintritt; 401 F Street NW, Washington, DC 20001, *nbm.org*

- National Children's Museum: mit interaktiven Ausstellungen Wissenschaft, Technik, Ingenieurwesen, Kunst und Mathematik erforschen; auch wenn für Kinder bis zwölf Jahren konzipiert, können hier sogar die Großen etwas lernen; Donnerstag bis Sonntag geöffnet jeweils für zwei Sessions: 9:30 bis 12:30 Uhr und 13:30 bis 16:30 Uhr, Tickets vorab online reservieren, 15,95 USD Eintritt; 1300 Pennsylvania Avenue NW, Washington, DC 20004, *nationalchildrensmuseum.org*
- National Geographic Society Museum: Hier gibt es spannende Einblicke in Forschungsreisen und die Arbeit der National Geographic Society; mittwochs bis sonntags von 10 bis 17 Uhr geöffnet, 15 USD Eintritt; 1145 17th Street NW, Washington, DC 20036, *nationalgeographic.org/society/visit-our-museum/*
- National Law Enforcement Museum: Das Thema Strafverfolgung wird interaktiv und unterhaltsam aufbereitet; Freitag bis Sonntag von 10 bis 17 Uhr, 21,95 USD Eintritt; 444 E Street NW, Washington, DC 20001, *nleomf.org/museum*
- National Museum of Women in the Arts: weltgrößtes Kunstmuseum, das sich ausschließlich der Förderung von Frauen in der Kunst widmet, mit mehr als 5500 Werken vom 16. Jahrhundert

bis heute; Montag bis Samstag jeweils von 10 bis 17 Uhr, Sonntag von 12 bis 17 Uhr geöffnet, Eintritt 10 USD (Tickets online vorab reservieren); 1250 New York Avenue NW, Washington, DC 20005, *nmwa.org*

- Phillips Collection: Das erste Museum in den USA, das sich ganz der Kunst der Moderne verschrieben hat, zeigt unter anderem Werke von Renoir, Monet, van Gogh, Klee, El Greco, Picasso und O'Keeffe; dienstags bis sonntags von 11 bis 18 Uhr, 16 USD Eintritt; 1600 21st Street NW, Washington, DC 20008, *phillipscollection.org*

ÖFFNUNGSZEITEN

Die Öffnungszeiten sind vom Gesetzgeber nicht geregelt. Daher sind viele Geschäfte oftmals bis spät abends geöffnet. Supermärkte und Drogerien (teils mit kleiner Lebensmittelabteilung und Apotheke sowie großer Auswahl an rezeptfreien Medikamenten) bieten noch deutlich längere Öffnungszeiten, oftmals bis 22 Uhr oder länger – auch in kleineren Orten.

Stimmungsvoll beleuchtet: John F. Kennedy Center for the Performing Arts

Preisniveau und Vergünstigungen

Washington, DC ist kein preiswertes Reiseziel. Wer jedoch beispielsweise Restaurants meidet und eher in Food-Courts isst sowie auf teure Aktivitäten verzichtet, kann das Reisebudget schonen. Und: Mehr als 100 Attraktionen, darunter viele Museen und das US-Kapitol, können kostenlos besichtigt werden. Bei ausgewählten Attraktionen lässt sich durch Nutzung von Sightseeing-Pässen, die für mehrere Sehenswürdigkeiten gültig sind, Geld sparen (beispielsweise *sightseeingpass.com/en/washington-dc*). Für viele Attraktionen können im Voraus Tickets für bestimme Tage und Uhrzeiten reserviert werden, um Wartezeiten zu vermeiden.

Richtwerte für ausgewählte Kosten (jeweils pro Person):
- Restaurantbesuch: ab 20 USD
- Essen im Food-Court: ab 8 USD
- Bootsausflug (Monuments Sightseeing Tour): ab 28 USD
- Stadtrundfahrt (Big Bus Tours): ab 44 USD

(Stand Januar 2022, zzgl. Steuern)

Sicherheit und Kriminalität

Die US-Hauptstadtregion gilt für Touristen als ausgesprochen sicher. Aber gerade in großen Städten sollten Besucher – wie überall in der Welt – einiges beherzigen: Geld und Papiere beispielsweise sicher am Körper oder in der Tasche verstauen, Rucksäcke und Handtaschen nicht unbeaufsichtigt lassen sowie in Bus und Bahn stets festhalten. Auch wertvoller Schmuck und Fotoausrüstung sollten nicht zur Schau gestellt werden. Viele Hotelzimmer verfügen über einen Safe. Parkanlagen in der Dunkelheit sind eher zu meiden, von der auch abends stark bevölkerten National Mall abgesehen. Im ländlichen Raum ist die Situation nochmals deutlich entspannter.

TELEFON UND INTERNET

Telefonate mit Mobiltelefonen und mobiler Internetzugang können aufgrund von Roaminggebühren sehr teuer werden. Wer unterwegs viel telefonieren oder surfen möchte, um beispielsweise Unterkünfte und Ausflüge zu buchen, sollte sich schon vorab in Deutschland oder bei Ankunft eine SIM-Karte eines lokalen Anbieters besorgen, sofern das deutsche Handy einen SIM-Kartenwechsel erlaubt (SIM-Lock-free). Nahezu alle Hotels bieten WLAN, mittlerweile oftmals kostenlos. Viele Restaurants, Cafés, Fastfood-Ketten, Museen und Einkaufszentren gewähren Kunden kostenlosen Internetzugang für eine begrenzte Zeit. Auch in Parks und Museen wird zuweilen kostenloses WLAN offeriert. Vielen Reisenden könnte das mittlerweile recht umfangreiche Angebot an kostenlosen oder preiswerten Hotspots genügen, sodass der Kauf einer örtlichen SIM-Karte kein Muss darstellt. Überdies bieten auch deutsche Mobilfunkgesellschaften wie Vodafone oder T-Mobile kostengünstige Pakete, um in der Capital Region USA das Smartphone nutzen zu können.

TRANSPORT VOR ORT

In Washington, DC lässt sich vieles gut zu Fuß erkunden. Bestes öffentliches Verkehrsmittel ist die Metro. Eine Bahnfahrt kostet je nach Uhrzeit und Strecke zwischen 2 und 6 USD pro Person, ein Busticket 2 USD (Express: 4,25 USD, Airport Express: 7,25 USD). Es gibt auch Tages- und Mehrtagestickets, beispielsweise für einen Tag (13 USD), drei Tage (28 USD) und sieben Tage (58 USD). Bezahlt wird mit SmarTrip®, einer Art Chipkarte, die an den Metro-Stationen gekauft und aufgeladen werden kann, oder ganz kontaktlos via SmartTrip-App. Das Streckennetz der Washington Metropolitan Area Transit Authority (*wmata.com*) umfasst sechs Bahnlinien mit 91 Stationen sowie zahlreiche Busrouten.

Deutlich teurer sind Fahrten mit dem Taxi. Es wird empfohlen, nur die bekannten Yellow oder Red Cabs zu nutzen. Achtung: Viele Fahrer sprechen und verstehen schlecht Englisch. Kreditkartenzahlungen sind meist möglich. Auch in Kleinstädten sind mittlerweile Fahrdienste wie Uber und Lyft populär. Sie werden per App bestellt und bezahlt. Der Preis für die geplante Fahrt wird im Vorhinein festgelegt, sodass volle Kostentransparenz besteht und der Fahrpreis nicht durch Staus steigen kann. Achtung: Bei hoher Nachfrage, z. B. zur Rushhour oder bei Regen, können Fahrten deutlich teurer sein als zu anderen Uhrzeiten. Neben der Preissicherheit zu Fahrtbeginn sind die Fahrzeuge oft deutlich gepflegter als die Taxis und die Fahrer meist ortskundiger und besser verständlich. Zuweilen entwickelt sich eine muntere Unterhaltung!

Wer die Bundesstaaten Maryland und Virginia entdecken möchte, sollte einen Mietwagen oder ein Wohnmobil buchen. Damit lässt sich die Region an der US-Ostküste flexibel und individuell erkunden. Wer im Mietwagen ein Navigationsgerät (GPS) benötigt, sollte unbedingt schon bei der Buchung vor Reiseantritt ein Gerät reservieren. Der deutsche, österreichische oder schweizerische Führerschein ist offiziell ausreichend. Gleichwohl empfiehlt es sich, den Internationalen Führerschein (International Driver's Licence) ebenfalls mitzunehmen.

Unterkünfte

Die Capital Region USA bietet ihren Besuchern eine enorm große Bandbreite an Übernachtungsmöglichkeiten. Neben Hotels aller (Preis-)Kategorien finden sich im Angebot auch preisgünstige Hostels, exquisite „Bed & Breakfast"-Unterkünfte sowie Ausgefallenes wie ehemalige Kirchengebäude. Ebenfalls sehr populär sind Camping und die Edelvariante davon, Glamping.

Hinweis: Wer technische Geräte wie Smartphones oder Laptops nutzen bzw. laden möchte, benötigt einen Adapter. Außerdem müssen die entsprechenden Geräte auch mit 110 Volt Stromspannung funktionieren bzw. entsprechend umschaltbar sein. In neu eröffneten Hotels gibt es teils schon USB-Ladebuchsen.

Für Washington, DC sind folgende Unterkünfte empfehlenswert:

- AKA White House: luxuriöses Suiten-Hotel, nur drei Blocks vom Weißen Haus entfernt; 1710 H Street NW, Washington, DC 20006, *stayaka.com/aka-white-house*
- Hotel Zena: Boutique-Hotel mit kraftvollem Statement in Logan Cirque würdigt die Stärke der Frauen und deren Kampf für die Gleichstellung der Geschlechter; 1155 14th Street NW, Washington, DC 20005, *viceroyhotelsandresorts.com/zena*
- Hyatt House Washington DC/The Wharf: mit Blick auf den Washington Channel im neuen Stadtviertel The Wharf aufwachen; 725 Wharf Street SW, Washington, DC 20024, *hyatt.com/en-US/hotel/washington-dc/hyatt-house-washington-dc-the-wharf/wasxs*
- Kimpton George Hotel: Boutique-Hotel nur ein paar Gehminuten von Union Station und dem US-Kapitol entfernt; 15 E Street NW, Washington, DC 20001, *hotelgeorge.com*
- Hyatt Place Washington, DC/White House: Modern und einfach lässt es sich hier nur zwei Blocks vom Weißen Haus entfernt wohnen, abends geht es zum Cocktail auf die Rooftop-Bar; 1522 K Street, NW, Washington, DC 20005, *hyatt.com/de-DE/hotel/washington-dc/hyatt-place-washington-dc-white-house/waszw*
- InterContinental The Willard Washington, DC: Luxushotel im Beaux-Arts-Stil direkt auf der Pennsylvania Avenue, wo schon US-Präsidenten wie Abraham Lincoln, Ulysses S. Grant und Woodrow Wilson zu Gast waren; 1401 Pennsylvania Avenue NW, Washington, DC 20004, *ihg.com/intercontinental/hotels/de/de/washington/washa/hoteldetail*
- Motto by Hilton Washington DC City Center: Bunte Geselligkeit in den öffentlichen Räumen trifft auf klar strukturierte Zimmer direkt in Chinatown; *hilton.com/en/hotels/wasuaua-motto-washington-dc-city-center*
- Moxy Washington, DC Downtown: stylisches Boutique-Hotel in zentraler Lage; 1011 K Street NW, Washington, DC 20001, *marriott.com/en-us/hotels/wasox-moxy-washington-dc-downtown/overview*
- The Hay-Adams: feudales Luxushotel, von den Zimmern und Suiten haben Besucher teilweise einen Blick auf das Weiße

Haus; 800 16th Street NW, Washington, DC 20006, *hayadams.com*

- The Line: schlafen, speisen und genießen in einem über 100 Jahre alten Kirchengebäude inmitten von Adams Morgan; 1770 Euclid Street NW, Washington, DC 20009, *thelinehotel.com/dc*
- The Mansion on O Street: ebenso bunt und verrückt wie das angeschlossene O Street Museum (siehe Seite 56, Tipp 9); 2020 O Street NW, Washington, DC 20036, *omansion.com*
- The Ven at Embassy Row: modern eingerichtetes Haus in der Nähe des Dupont Circle mit Rooftop-Poolbar; 2015 Massachusetts Avenue NW, Washington, DC 20036, *thevenembassyrow.com*
- Watergate Hotel: Edel lässt es sich nächtigen, wo 1972 der Watergate-Skandal aufgedeckt wurde. Außerdem verfügt der kolossale Bau über die elegante Rooftop-Bar „Top of the Gate"; 2650 Virginia Avenue NW, Washington, DC 20037, *thewatergatehotel.com*
- YOTEL Washington DC: smartes Hotel mit Check-in-Stationen (Mission Control) und einem Open-Air-Swimmingpool auf dem Dach; 415 New Jersey Avenue NW, Washington, DC 20001, *yotel.com/en/hotels/yotel-washington-dc*

ZEITUNTERSCHIED

Der Zeitunterschied zwischen Deutschland und der Capital Region USA beträgt im Regelfall sechs Stunden. Die Umstellung zwischen Sommer- und Winterzeit erfolgt nicht zeitgleich mit Deutschland (USA: zweites Wochenende im März, erstes Wochenende im November).

Haftungshinweis/-ausschluss:
Alle Angaben wurden nach bestem Wissen und Gewissen recherchiert. Allerdings übernehmen Redaktion und Verlag keine Gewähr bzw. Haftung bei Fehlern bzw. Änderungen. Insbesondere hinsichtlich der Einreise-/Visabestimmungen erkunden Sie sich bitte individuell. Stand der Informationen: Januar 2022.

360°

Außerdem in der Reihe erschienen:

Marion Renk-Rosenthal
Format: 11,5 x 16,5 cm
ISBN 978-3-96855-279-8

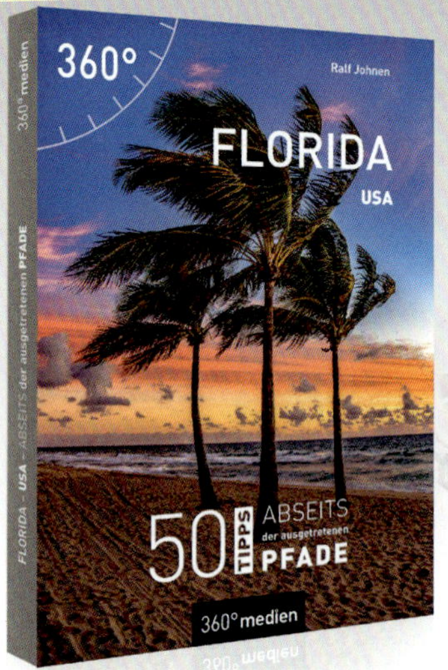

Ralf Johnen
Format: 11,5 x 16,5 cm
ISBN 978-3-96855-007-7

Bildnachweis:
2009 Matthew Borkowski Photography S. 212o | Alyssa Maloof Photography S. 167 | Andrew Murdock S. 130o | Annmarie Sculptur Garden and Arts Center S. 234o | Architect of the Capitol S. 10, 27u, 28o | Arlington Convention and Visitor Services S. 80u, 90-93 | B&O Railroad Museum S. 142o | Ben Fink S. 273 | Birthplace of Country Music Museum S. 211o | Bob Peterson Photography S. 132/133 | Calvert County Government S. 232 | Cameron Davidson S. 186o, 207o, 212u | Capital Region USA S. 13 | Catoctin Creek Distillery S. 131o | Charlottesville Albermarle CVB S. 214 | Christian Dose S. 40, 54u, 77o, 95u, 100 | Christopher Hunter Photography S. 204o | Clark Vandergrift S. 106/107, 145, 146 | Colonial Williamsburg Foundation S. 194o | Courtesy of Capital Region USA S. 144, 156u | Courtesy of Prince Georges County S. 104, 105 |Courtesy of washington.org S. 14, 18 19u, 23o, 24o, 29, 30, 36, 37o, 37u, 38, 39, 41u, 42, 53o, 53u, 54o, 56, 62o, 62u, 65, 66-68, 70, 71u, 72, 74o, 74u, 76, 77u, 78, 79, 243, 244, 255, 275, 276, 280| Danielle E Thomas and Washington National Cathedral S. 45-46 | Destination DC S. 19o, 20u, 21, 22, 26, 28u, 48/49, 52, 58, 60o, 60u, 71o, 73 | Dominique Munoz for the International Spy Museum S. 256, 257o | Dorchester County S. 246 | Dutton Photography S. 279 | Evan Michio for Visit Alexandria S. 254o | Fairfax County S. 86 | fbigov S. 257u | Garrett County Chamber of Commerce S. 126, 128o, 128o | Gaylord National Resort S. 101u | Greater Fredericksburg Tourism Partnership S. 229o | Helen Normasn 2010 S. 127o | Jamestown-Yorktown Foundation S. 192, 193, 196 | Jason Varney S. 248 | Jay Fleming S. 1487o | Jed Owen on Unsplash S. 252 | Jeff Greenberg for Virginia Tourism Corporation S. 215u | Jefferson Vineyards Virginia Tourism Corporation S. 202 | Jill Jesuta Dorchester Tourism S. 156 o | Katie Yarborough, courtesy of Virginia Tourism Corporation S. 5 | Kelly J Mihalcoe, Photographer S. 221 u | Kenneth Garrett S. 115u | Kristin Summerer S. 95o | Kurt Holter 2016 S. 114, 119o, 123 | M Enriquez for Visit Alexandria S. 267 | Maps4news S. 17, 51, 85, 109, 135, 161, 191, 227 | Marcia Molnar S. 131u | Maria Greiner S. 20o, 23u, 27o, 44, 80o, 118o, 163, 184o. 186U, 203u, 218, 222u | Maryland Office of Tourism S. 12, 110, 111o, 112o, 112u, 154, 155, 168, 169, 233, 234u, 240 | Maxwell MacKenzie S. 64u | Mountain Lake Lodge S. 261 u | MWAA S. 264/265 | National Aquarium S. 139o | National Harbor S. 101o, 102u | National Park Foundation S. 253o | National Park Service Colonial National Historical Park S. 249 | National Park Service S. 41o, 75 | Natural Artistry S. 116o | Ocean City S. 163, 164 | Paul Burk S. 139u | Peter Charles Fellows S. 102u | Plaid Foto S. 116 u | QAC Tourism Jay Fleming S. 250 | Richard Norwitz S. 153u | Richmond CVB S. 245 | Richmond Region Tourism S. 198-200, 254u, 262 | Robert Lautmann S. 57 | Ron Wruck S. 176 | Ryan Smith S. 96u | Sam Kittner Georgetown BID S. 260 | Sarah Hauser S. 216 | Sarah Hauser Virginia Tourism Corporation S. 87o, 215o | Sean Shannon Photography S. 261o | Smithsonian Institute S. 32-35 | Staunton CVB S. 217 | Talbot County Economic Development and Tourism S. 247 | Talbot County S. 152o | The Kimpton Banneter S. 81 | Tim Tadder S. 127u | Todd Wright for Virginia Tourism Corporation S. 170 | Trimper Rides of Ocean City S. 162 | Turner Photography S. 115o | United States Naval Academy S. 148, 149o | Virginia Aquarium S. 180 | Virginia Beach CVB S. 178, 179o, 182o, 182u, 183 | Virginia Beach S. 253u | Virginia Tourism Corporation S. 94, 99, 158/159, 171, 172-174, 177, 184u, 187u, 188/189, 194u, 195, 203o., 204u, 206, 210, 211u, 220, 221o, 224/225, 228, 229u, 230o, 230u, 236o, 236u, 237, 238m, 238u | Visit Alexandria S. 82/83, 96o | Visit Allegany S. 124o, 124u | Visit Annapolis and Anne Arundel County S. 258o, 258u | Visit Annapolis S. 148, 149u, 150o, 150u | Visit Baltimore S. 11, 138, 140o, 140u, 142u | Visit Fairfax S. 88o, 88u, 98o, 98u | Visit Frederick S. 130u | Visit Frederick www.capitalregiousa.de S. 118u, 119u, 120o, 120u |Visit Hagerstown S. 111u, 122 | Visit Howard County S. 136-137 | Visit Loundoun S. 238o | Visit Virginais Blue Ridge S. 207u, 208, 249o | Wolf Trap S. 87u | Woody Crenshaw S. 212o | Worchester County Recreation and Park, Tourism and Economic Development Office S. 166